김병완의 공부혁명

김병완의 공부혁명

초판 1쇄 발행 | 2016년 11월 18일

지은이 | 김병완
펴낸이 | 박상진

편집 | 김제형
디자인 | 박아영
관리 | 황지원

펴낸곳 | 진성북스
출판등록 | 2011년 9월 23일
주소 | 서울특별시 강남구 영동대로 85길 38 진성빌딩 10층
전화 | (02)3452-7762
팩스 | (02)3452-7761
홈페이지 | www.jinsungbooks.com

ISBN 978-89-97743-27-8 03320

※ 진성북스는 여러분의 원고 투고를 환영합니다.
책으로 엮기를 원하는 좋은 아이디어가 있으신 분은
이메일(jinsungbooks12@gmail.com)로
간단한 개요와 취지, 연락처 등을 보내 주십시오.
당사의 출판 컨셉에 적합한 원고는 적극적으로 책으로 만들어 드리겠습니다!

※ 진성북스는 네이버 카페에 회원으로 가입하시는 분들에게
다양한 이벤트와 혜택을 드리고 있습니다.
• **진성북스 공식 카페 http://cafe.naver.com/jinsungbooks**

김병완의 공부혁명

김병완 지음

"변혁의 시대에는 배우려는 사람들이 세상을 물려받게 되어 있다.
이미 배운 것으로 만족하는 사람들이 더 이상 존재하지 않게 된
세상에 스스로 가장 적합하다고 착각하는 동안에...."

– 에릭 호퍼 –

가장 현명한 사람은 배우는 사람이다

위대한 인생과 평범한 인생을 구분하는 것이 단 한 가지 있다. 그것은 바로 제대로 된 공부다. 그렇기 때문에 뭔가를 끊임없이 배우고 스스로 공부하는 사람은 가장 현명한 사람이다.

"가장 현명한 사람은 배우고자 하는 사람이다."

– 탈무드 –

단 한 번뿐인 인생, 시시하게 살다가 갈 것인가? 위대함을 갈망하며 위대한 인생을 살아갈 것인가? 평범한 인생과 위대한 인생을 구분하는 것은 무엇인가? 능력이나 학식, 부나 성공이 아니다. 그런 것들은 부산물에 불과하다. 평범함과 위대함을 구분하는 것은 바로 '진짜 공부'다. 진짜 위대한 인생은 부와 성공을 거머쥔 인생이 아니다. 진짜 위대한 인생은 자신의 삶의 주인이 되어 사는 삶이다. 그리고 그런 인생은 한 마디로 진짜 공부를 통해서만 가능하다. 진짜 공부를 통해 내공을 탄탄히 쌓고 뿌리 깊은 나무처럼 어떤 태풍에도 흔들리지 않는 인생의 주인공으로 살아갈 때 부와 성공은 자연스럽게 따라온다. 진짜 공부를 하지 않는 사람들은 부와 성공을 좇아다니며 철새처럼 요동치는 불안한 삶을 살 수밖에 없다. 그것은 그들 내면에 공부를 통해 축적해놓은 내공과 진짜 실력이 없기 때문이다. 그러므로 도전하는 20대들이여, 진짜 공부에 제대로 미쳐야 한다. 선택은 바로 당신 몫이다.

"열정, 자신감, 도전, 패기만으로 어떻게 100세 시대, 긴 인생을 살아가고자 하는가?"

"100세 시대 긴 인생의 시작점인 20대에 진짜 공부를 하지 않고 어떻게 살아가려고 하는가? 공부만이 최고의 생존 전략이며 탁월함에 이르는 유일한 수단이다."

공자는 이런 말을 한 적이 있다.

'곤이불학(困而不學) 민사위하의(民斯爲下矣)'
'궁지에 몰렸음에도 공부하지 않는 자는 가장 어리석은 자다.'

공자는 어려움을 겪은 후 공부하는 사람이 그렇지 않은 사람보다 더 위이고 어려움을 겪지 않았음에도 불구하고 공부하는 사람이 어려움을 겪은 후 공부하는 사람보다 더 위라고 말했다. 20대에 공부하는 사람은 상, 중, 하 중 상이라고 할 수 있다. 필자는 솔직히 40대가 다 되어 공부를 시작했다. 즉 필자는 공부의 하수였다고 할 수 있다. 궁지에 몰렸고 그 덕분에 공부하게 된 사람이다. 하지만 20대에 진짜 공부로 인생을 바꿀 수 있는 사람은 공자가 말한 단계 중 상에 속한다고 생각할 수 있다. 20대까지는 진짜 인생의 곤궁을 잘 모르기 때문이다.

솔직히 40대가 되어서야 인생이 무엇인지 조금 보이기 시작하고 인생의 참된 곤궁을 겪어보게 된다고 할 수 있다. 하지만 40대에도 공부를 통해 충분히 인생을 바꿀 수 있음을 필자는 알고 있다. 하지만 공자의 말에 의하면 인생의 산전수전을 다 겪은 후 다시 공부를 시작하는 사람보다 처음부터 공부를 시작하는 사람이 훨씬 낫다고 한다. 이 책은 바로 '궁지에 몰리지 않았음에도 불구하고 공부를 시작하는, 상에 속한 사람들, 즉 상류층의 공부'에 대한 책이다.

　20대의 공부는 40대의 공부와 분명히 차원이 다를 수밖에 없다. 40대처럼 인생이 조금 보이기 시작하지 않기 때문에 인생의 참맛을 느낄 수 있는 공부는 할 수 없다. 하지만 그럼에도 불구하고 20대의 공부는 20대만 할 수 있는 신선한 공부라는 매력이 있다. 결론은 공부에는 정해진 시기와 대상이 없다는 것이다. 하지만 각각 장단점이 있다는 사실도 간과해선 안 될 것이다. 20대에 진짜 공부를 해야 하는 가장 큰 이유 중 하나는 준비도 공부도 하지 않은 20대들이 단지 자신감 하나로 무모하게 도전하는 것보다 진짜 공부를 통해 자신을 좀 더 완성시키고 성장시킨 후의 도전의 성공 확률이 몇 백 배 더 높기 때문이다. 즉 자신감만 가진 채 진짜 공부를 하지 않은 도전자 100명 중 성공하는 사람이 1명이라면 그 1명을 보고 단지 자신감만으로 도전하는 실수를 해선 안 된다는 것이다. 진짜 공부를 통해 자신을 완성시킨 후 도전하는 사람은 실패하기가 더 어려울 정도로 성공할 수밖에 없다.

　'수장선고'라는 말처럼 물이 많아야 배가 저절로 높이 뜨는 것이다. 물도 없는데 배를 높이 띄울 수 있다는 자신감으로는 절대로 배를 높이 띄울 수 없다. 진짜 공부를 해야 하는 이유는 자신의 인생에 물을 많이 채우는 것이다. 물이 많으면, 즉 자신을 진짜 공부로 완성시켜나가면 부와 성공은 저절로 따라오게 되어 있다. 20대는 다양한 공부를 통해 40대보다 의식의 변화와 사고력 향상이 훨씬 더 쉽고 빨라 남들보다 좀 더 일찍 세상을 보는 눈을 키울 수 있는 최고 의 시기다. 그런 점에서 20대 때 진짜 공부를 하지 않는 것 은 매우 큰 인생 낭비라고 할 수 있다. 우리는 무엇을 하더 라도 효율의 중요성을 간과해선 안 된다. 1시간 공부를 해도 새벽에 하는 것과 심신이 지친 저녁에 하는 것은 큰 차이가 있고 그 차이는 바로 효율성 때문에 발생하는 것이다. 똑같 은 공부를 해도 20대에 하는 것과 50대에 하는 것은 절대적 으로 차이가 있다는 것이다. 20대는 아직 의식과 사고가 굳 지 않은 시기이므로 공부에 제대로 미치기만 하면 50대보다 상대적으로 훨씬 더 쉽게 자기도약과 발전을 할 수 있다. 그 런 점에서 20대에 공부에 미치는 사람은 훨씬 더 쉽고 빨리 자신의 인생을 위대한 인생으로 만들어나갈 수 있다는 것이 필자의 지론이다.

30~40대 많은 중년들이 가장 후회하는 것 중 하나가 생 계를 책임져야 할 가족이 있기 때문에 공부에 미칠 수 없다 는 것과 그렇기 때문에 가족부양의 의무가 없던 20대 때 마 음껏 공부에 미치지 않았던 것이라는 이야기를 필자는 40 대의 공부 책과 그 책의 독자들을 통해 많이 들었다. 하지만 필자는 40대도 공부에 미칠 수 있음을 피력했다. 하지만 실 제로 생계를 포기하거나 가족부양의 의무 이행을 잠시 미룬

채 공부에만 미칠 수 있는 사람은 많지 않을 것이다. 현실을 완전히 무시할 수 없는 것이 우리의 삶이기 때문이다. 그런 40대에 비하면 20대는 진짜 공부에 미칠 수 있는, 완벽하고 환상적인 시기다. 인생이 바뀌고 노는 물이 달라진다는 사실을 명심하자. 필자는 이 사실을 경험했다. 공부를 통해 인생이 바뀌고 노는 물이 달라지고 의식과 사고가 달라진다는 것이 무엇인지 확실히 알게 되었다.

공부는 20대에게 세상을 살아갈 힘을 길러주고 당당히 살아갈 자신감과 내공을 길러준다. 그래서 20대 때 공부에 미쳐본 사람과 그렇지 않은 사람은 알게 모르게 평생 큰 차이가 생기며 이 차이가 바로 인생의 질과 격을 결정한다. 진짜 청춘은 공부하는 청춘이다. 공부하지 않고 어떻게 100세 시대를 살아가려고 하는가? 공부는 인생의 예의이자 특권이다.

진짜 인생을 살고 싶다면 공부해야 가능하다. 타인의 삶을 쫓는 삶은 진짜 인생이 아니다. 자신만의 길을 개척하고 인생의 주인으로 살아가고 싶다면 공부를 통해 의식과 사고를 향상시켜야 가능하다. 바로 이런 이유 때문에 20대의 공부는 선택이 아닌 필수다. 그리고 이것을 하지 않는 것은 인생의 가장 큰 낭비다.

진짜 공부로 당신의 인생을 명품으로 만들어라. 자신감만으로 도전하고 성공하더라도 그것은 빈 껍데기에 불과하다. 공부하니까 청춘이다. 그런 점에서 이 책에서 말하는 20

대 청춘들은 생물학적 나이만 의미하진 않는다. 생물학적 나이가 60대더라도 진짜 공부를 하고 있다면 그는 20대 청춘이다. 적어도 내게는 그렇다. 그렇기 때문에 이 책의 독자는 모든 연령층이다. 공부에 때가 없듯이 이 책의 독자들도 정해진 연령층이 없다.

차 례

4장   공부는 참된 삶, 위대한 삶을 위해 하는 것이다

5장   20대의 진짜 공부로 최고의 삶을 만나라

1장

진짜 인생을 살게 해주는
진짜 공부를 지금 시작하자

"인간이라는 피조물은 얼마나 대단한가! 이성의 고귀함이여!
능력의 무한함이여! 외모와 동작은 얼마나 반듯하고 멋진가!
행동거지는 천사가 따로 없다! 헤아림은 신의 경지다! 세상
최고의 아름다움이요, 동물 최고의 귀감이다."

– 〈햄릿〉 2막 2장 중에서 –

"우리에게 뭔가 시도할 용기가 없다면 도대체
삶이 무슨 의미가 있는가?"

– 빈센트 반 고흐 –

"우리는 길을 찾거나 길을 만들 것이다."

– 한니발 –

"시도했던 모든 것이 물거품이 되더라도 그것은
또 하나의 전진이므로 나는 용기를 잃지 않는다."

– 토머스 에디슨 –

진짜 인생을 살고 싶다면 공부하라

　"나는 의식적인 노력으로 자신의 삶을 높이려는 인간의 확실한 능력보다 더 고무적인 사실을 알지 못한다." 헨리 데이비드 소로의 이 말을 마음속에 새겨야 할 사람들은 누구일까? 이제 막 진정한 사회인으로 성인으로 살아갈 20대 당신이다. 물론 이 말은 20대뿐만 아니라 모든 연령층에 꼭 필요한 말임에 틀림없다. 그러므로 이 책은 솔직히 말해 60대 어르신들이 읽어도 되는 책이다. 그럼에도 불구하고 굳이 20대를 위해 이 말을 꼭 하고 싶은 것은 그들이 살아갈 앞날이 너무나 많이 남았기 때문이다. 다시 말해 그 누구보다 그들의 공부가 그들의 성공과 실패에 지대한 영향을 미치기 때문이다.

세상에는 두 가지 종류의 사람이 있다. 첫 번째는 공부를 전혀 안 하면서 열심히 살아가는 사람이다. 두 번째는 열심히 공부하면서 살아가는 사람이다. 당신은 어디에 속하는가? 내 친구들도 정확히 이 두 부류로 나뉜다. 첫 번째 부류는 무엇을 해도 열심히 하고 성실하고 책임감 있고 다정다감하고 대인관계도 원만하다. 하지만 스스로 내면의 공부, 인생 공부, 성찰과 변화를 이끌어내는 성장의 공부는 하지 않는다.

또 다른 부류는 그런 특별한 노력이나 성실함은 없고 남들과 비슷하게 성실하게 열심히 산다. 하지만 내면의 공부에 특별한 노력을 기울이고 30대가 되어도 40대가 되어도 변함없이 공부한다. 이 두 부류의 친구들을 본의 아니게 살펴보면 지금 당장은 큰 차이가 없지만 40세, 50세, 60세 나이가 들수록 엄청난 격차가 벌어진다는 것을 필자는 뼈저리게 느끼고 경험하고 있다. 그 간격은 정말 어마어마하다. 굳이 말하지 않아도 알 것이다. 독자들의 생각이 무엇이든 그 생각을 훨씬 뛰어넘는 것은 분명하다.

자, "어느 부류의 친구가 인생을 제대로 잘 살아갈 수 있을까?"라는 질문보다 더 중요한 것이 있다. 그것은 우리가 인생을 하루하루 소비하며 살아가는 것이 중요한 것이 아니라 뭔가 이루어내며 살아가야 한다는 점에 있다. 즉 하루하루 그저 잘 먹고 잘 사는 것은 매우 낮은 수준의 우리의 희망일 것이다. 이것보다 더 높은 수준의 삶의 의미와 가치를 망각해선 안 된다는 점이다. 가장 높은 수준의 삶의 의미와 가치는 우리가 단 한 번뿐인 삶에서 뭔가 이루어놓아야 한다는 것이다. 그런 점에서 행복한 삶보다 더 가치 있는 삶은 성장을 토대로 한 성공적인 삶이다. 성장을 토대로 한 성공적인 삶은 단지 요행으로 열심히 산 덕분에 경제적으로 윤택해지는 삶과는 질적으로 다르다.

성장을 토대로 한 성공은 경제적, 사회적 성공보다 훨씬 더 중요한 의미가 있다. 그것은 사람의 존재가치가 달라지는 것이기 때문이다. 경제적, 사회적 성공은 성과나 결과에 의존하지만 성장을 토대로 한 성공은 성과나 결과보다 과정과 성장을 더 중시한다. 우리에게 공부혁명이 필요한 이유는 바로 후자 때문이다. 인생은 하루하루 살아가는 것이 아니라 뭔가를 만들고 창조하며 살아가는 것이다. 여기서 가장 중요한 것은 '뭔가'이다. 그런데 이 뭔가에 가장 중요한 요소는 바로 세상과 타인이 아닌 자기 자신이라는 사실을 너무나 많은 사람들이 등한시하고 깨닫지 못한다.

우리가 살면서 가장 중요하게 생각할 부분은 바로 자기 자신을 변화시키고 성장시켜야 한다는 것이다. 그런데 많은 사람들은 다른 뭔가를 먼저 변화시키고 창조하고 만들려고 한다. 바로 그것 때문에 수많은 사람들이 실패하고 좌절을 경험하는 것이다. 순서가 잘못되면 모든 것이 잘못된다. 가장 바람직한 순서는 자기 자신부터다. 자신이 먼저 변화하고 성장해야 하고 그 변화와 성장을 통해 일정한 수준이 된 후에야 비로소 뭔가를 만들고 창조할 수 있게 되는 것이다. 이제 진정한 성인으로 진짜 인생을 살아가게 된 당신이 반드시 명심할 것이 있다면 당신이 살아갈 인생은 절대로 되돌릴 수 없다는 사실이다. 한 마디로 당신의 눈부신 청춘도 당신의 짜릿한 젊음도 당신의 애틋한 첫 사랑도 단 한 번뿐이라는 것이다. 그것이 당신이 살아갈 인생이 가진 최고의 진실이다.

단 한 번뿐인 인생을 시시하게 살아갈 것인가? 엄청난 부자가 되고 눈부신 성공을 거머쥐고 당신의 이름이 후세에 오래 빛날 멋진 인생을 살아갈 것인가?

20대인 당신은 지금 30대 선배들, 40대 아저씨들, 50대 아버지 세대 사람들을 유심히 관찰해보라. 당신이 아는 그들 중 과연 몇 %가 사는 것이 너무너무 재미있다고 날마다 환호하며 멋지게 살아가고 있는지. 인정하기 싫지만 30~50대 중 사는 것이 정말 너무너무 재미있고 신난다는 사람은 10%도 안 된다는 사실이다. 99%의 중년들이 그저 그렇게 살아가고 있고 헨리 데이비드 소로의 말처럼 '조용한 절망의 삶'을 살아가고 있다. 그나마 부자가 되어 궁색하게 살지 않고 노년까지 경제적으로 생활고에 시달리지 않고 살아갈 수 있다면 불행 중 다행이고 이들보다 더 다행인 사람들은 사회적으로 큰 성공을 거두어 오랫동안 명예로운 이름이 기억되는 사람들일 것이다. 하지만 이렇게 다행스런 사람은 불과 1~10% 정도다.

20대인 당신은 이제 선택해야 한다. 좋든 싫든 당신의 선택이 당신의 20년 후, 30년 후 아니 평생을 좌우한다. 단 한 번뿐인 인생을 살면서 부와 성공을 이루지 못한다는 것은 엄청난 슬픔이고 아픔이고 상처이고 불행이다. 많은 사람들이 그깟 돈 없어도 행복하고 그깟 성공 안 해도 된다고 말하지만 그깟 아무것도 아닌 것조차 이루지 못 하는 인생은 정말 그깟 인생이라고 할 수 있지 않을까? 선택은 당신의 몫이다.

부와 성공을 이룬 사람들을 보자. 그들은 과연 어떻게 부와 성공을 이루었을까? 긍정적인 삶의 태도와 자세, 무엇을 하더라도 성공할 것이라는 자신감, 뜨거운 열정, 확고한 신념 등으로 부와 성공을 성취해 거머쥘 수 있었을까? 물론 이것이 없는 사람들보다 있는 사람들이 백 배 더 유리할 것이다. 하지만 이 모든 것을 갖고도 부와 성공을 거머쥐지 못한 사람들이 더 많다는 사실을 알아야 한다. 필자도 그 중 한 명이었다. 40대 전까지 남들보다 더 열심히 더 뜨겁게 더 긍정적으로 더 확고한 신념으로 살았지만 부와 성공을 이루지 못했다. 그런데 3년 동안 지독한 이것을 통해 부와 성공을 이루었다. 그것이 바로 '진짜 공부'인 것이다. 그런데 공부에 대해 오해하는 사람들이 많다. 필자가 경험한 공부는 많은 사람들이 생각하는 공부가 아니었다. 즉 스펙을 쌓기 위한 영어 공부, 토익 공부, 자격증을 얻기 위한 자격증 공부, 졸업이나 입학을 위한 학교 공부, 회사에서 승진하기 위한 승진 공부, 입사하기 위한 입사 공부를 20대와 30대에 누구보다 열심히 했지만 부와 성공을 이루어내진 못했다. 남들처럼 더 힘들고 어렵고 복잡하게 경쟁 속으로 빠져 들어갔던 것이 사실이다. 그런데 40대를 전후해 회사를 그만두고 대부분의 세상사람들이 하는 공부와 전혀 다른 공부를 하게 되었다.

3년 동안 거의 매일 도서관에 출근하다시피 하며 다양한 분야의 책들을 섭렵하면서 세상을 보는 안목을 키우고 내 자신에 대해 깊이 성찰하고 사회, 경제, 문화, 인물, 트렌드, 인간심리, 뇌 과학, 미래학, 역사, 문학을 공부했다. 정말 놀랍지 않은가? 스펙 쌓기와 전혀 상관없는 그런 헛된 공부와 같은 공부들이었다. 하지만 놀라운 일이 벌어졌다. 3년 동안 지독하게 이런 공부를 한 결과, 신문에도 실리고 TV 출연도 하고 책도 쓰고 여기저기 강연도 다니는 유명인사가 된 것이다. 먹고 살 만큼의 부와 성공을 이룬 것이다.

필자의 삶을 통해 필자는 두 가지 사실을 깨달았다. 첫 번째는 40대 중년에도 진짜 공부를 하면 인생을 바꿀 수 있다는 사실이다. 두 번째는 이 진짜 공부를 20대에 진작 했더라면 지금쯤 10배 더 큰 부와 성공을 이루었을 것이라는 사실이다. 그럼에도 불구하고 공부가 가진 위대함과 막강한 영향력은 20대가 아닌 다른 연령의 사람들조차 진짜 공부를 하게 되면 20대 청춘이 된 것과 같은 착각에 빠지게 한다는 사실을 간과해선 안 된다. 단지 착각에만 빠지게 하는 것이 아니다. 실제로 20대 청춘처럼 다시 새로운 인생을 살게 해주기도 한다. 그러므로 진짜 공부는 당신의 나이와 상관없이 당신을 20대 청춘으로 만들어주는 것이다.

이 책은 진짜 공부를 통해 다시 20대가 된 당신이 시행착오를 겪지 않고 단 한 번뿐인 인생을 절대로 낭비하지 않고 제대로 된 진짜 공부를 통해 남들보다 훨씬 더 빨리 부와 성공을 거머쥐도록 해주는 길잡이 역할을 해준다.

타인에게 쓰이기 위한 공부가 아니다

진짜 공부는 자기 자신을 위해 일하면서 살 수 있도록 해주는 공부라는 점에서 학교 공부와 20대부터 하는 진짜 공부는 성격이 다르고 내용도 다르고 심지어 방향과 목적도 다르다. 학교 공부를 하는 이유는 무엇인가? 한 마디로 좋은 직장, 좋은 직업을 얻기 위해서다. 즉 어떤 직장이나 분야에서 쓸모 있는 사람이 되기 위해서다. 하지만 좀 더 엄밀히 말하면 타인에게 쓰임을 받기 위해 공부했다고 할 수 있다. 예를 들어, 의사 자격증이나 변호사 자격증을 따는 것도 결국 타인에게 쓰임을 받기 위해서다. 교대나 공대, 간호대학이나 경영학과를 졸업하는 것도 마찬가지다. 기술을 배우는 것도 마찬가지다. 기술이 없으면 아무도 부르지 않는다. 진짜 공부는 그런 학교 공부와 달라야 한다. 자기 자신의 행복을 위한 공부여야 한다. 그리고 그 행복의 근원은 바로 자유다. 그러므로 다르게 말하면 20대의 진짜 공부는 자유와 행복을 위한 공부다.

필자는 진짜 공부의 사례를 근대 일본에서 발견할 수 있었다. 근대 일본을 부강한 일본으로 만든 두 권의 책이 있다. 한 권은 「자조론」이고 또 한 권은 1만 엔 지폐에 그려져 있는 후쿠자와 유키치의 「학문의 권유」다. 이 두 권은 메이지유신의 정신적 교과서이자 '오늘날의 부강한 일본'을 만든 책이다. 후쿠자와 유키치의 「학문의 권유」는 도대체 어떤 책이기에 일본에서 그렇게 대단한 책으로 손꼽힐까? 그에 대한 대답은 한 마디로 학교 공부가 아닌 진짜 공부의 필요성과 이유를 제대로 설명함으로써 일본 국민들이 자신을 자유롭고 행복하고 성공적이고 풍요롭게 해주는 진짜 공부를 인식하도록 해주었기 때문이라고 정리할 수 있다.

이 책의 서두를 살펴보자.

"하늘은 사람 위에 사람을, 사람 밑에 사람을 만들지도 않았다고 한다. 그럼에도 불구하고 오늘날 넓은 인간세계를 보면 현명한 인간과 어리석은 인간, 가난한 인간과 부유한 인간, 신분이 높은 인간과 낮은 인간이 있다. 그 차이는 어디서 오는 걸까? 그 대답은 분명하다. 현명한 사람과 어리석은 사람의 차이는 배움과 배우면서 깨달은 것에 의해 생긴 것이다. 인간은 태어날 때부터 귀천상하로 나뉘진 않았지만 학문을 권유함에 의해 많은 것을 알게 되어 귀인이 되고 부자가 되며 배움이 없는 자는 가난해지며 하인이 되는 것이다."

― 후쿠자와 유키치 「학문의 권유」 서두 ―

그가 재차 강조하고 싶었던 것은 진짜 공부를 하지 않으면 귀인이 될 수 없고 부자가 될 수 없고 성공하지 못 하고 자유가 없는 노예의 삶을 살게 된다는 것이다. 일본 국민들이 진짜 공부를 하도록 만들어 일본을 부강하게 만든 그는 일본의 정신적 스승이 되었다.

20대인 당신이 진짜 공부를 시작하지 않는다면 자신을 버리는 행위를 시작한 것이다. 모든 10대들은 정해진 틀 속에서 학교 공부를 하고 비슷하게 살아간다. 하지만 어른이 된 20대부터는 너무나 다른 다양한 삶을 살아가야 한다. 그때 당신은 어떤 삶을 선택하고 어떤 인생을 살고 어떤 일을 할 것인가? 이때 진짜 공부를 하지 않는다면 남을 위해 일하고 남을 위해 살아가고 남의 인생을 선택할 수밖에 없다는 사실을 명심하라. 그렇게 40대까지 살았던 사람이 필자다. 필자가 남들보다 멍청해서 그렇게 산 것은 아니다. 진짜 공부를 하지 않았기 때문이다. 10대나 20대 중반까지 학교 공부는 항상 모범답안을 원한다. 가장 분명한 답을 원하고 최단거리를 원하고 정해진 지식을 요구한다. 정답이 있는 것이다. 하지만 20대인 당신이 해야 하는 진짜 공부는 무수히 많은 답이 존재하지만 아무도 답을 말할 수 없는 그런 공부다. 항상 우회로를 생각해야 하고 아무 것도 정해지지 않은 새로운 지식, 살아있는 지식이 요구될 뿐만 아니라 스스로 만들어나가는 공부다.

당신이 살아갈 시대는 지식사회가 아니라 감성과 창조의 사회이므로 정해진 답을 많이 알고 있는 전문가들이 각광받는 사회가 아니라 독창적이고 괴짜이고 이단적이고 해적과 같은 정해지지 않은 답을 많이 가진 자유로운 사람들이 각광받는 사회다. 스티브 잡스처럼 말이다. 빌 게이츠도 하버드대를 중퇴해 정해진 길에서 벗어나 이단아가 되고 괴짜가 되고 해적이 되었음을 명심하라. 세계 최고의 미래학자로 평가받는 앨빈 토플러도 정해진 고등교육기관에서 벗어나 5년 동안 노동자로 일하며 자유롭게 독학했음을 명심하라. 지금 이 시대에 당신이 가져야 하는 마인드는 공자가 말한 '군자'

의 마음과 일맥상통한다는 것을 잊지 말라. 공자는 모름지기 군자는 그릇과 같으면 안 된다고 말했다.

'군자불기(君子不器)'

필자는 이 말을 21세기 감성과 창조의 시대가 필요로 하는 창조적 인재를 의미하는 것이라고 나름대로 해석하고 싶다. '군자는 정해진 쓰임, 용도에 자신을 가두면 안 된다.'는 이 말은 한 분야만 잘 알고 정해진 지식만 가진 전문가가 되어선 안 된다는 말이다. 학교 공부는 전문가를 만들어 평생 자신의 인생이 그 분야에 갇히는 사람, 정해진 용도와 틀 속에 가두는 공부다. 즉 뭔가 되기 위한 공부다. 하지만 진짜 공부는 자신을 다양하고 자유롭게 뭐든지 할 수 있게 하지만 그것에 속박 받지 않고 살아가게 해주는, 자유를 위한 공부다.

위대함과 평범함을 구분하는 것은 진짜 공부다

20대에 진짜 공부에 미쳐야 하는 진짜 이유는 그것이 위대함과 평범함을 결정하기 때문이다. 20대에 진짜 공부를 하지 않고 자신감으로만 똘똘 뭉친 젊은이가 이것저것 닥치는 대로 사업에 도전해 실패도 많이 하겠지만 성공도 거두어 부를 얻게 되었다고 생각해보자. 부와 성공을 얻었다고 과연 위대한 인생이라고 말할 수 있을까? 반대로 세상에서 실패자로 낙인 찍혀 죄인의 신분으로 18년 동안 시골에 유배당한 채 살았던 사람이 있다. 하지만 그는 진짜 공부로 자신을 완성시켜 나갔다. 그 결과 엄청나게 많은 책들을 집필하고 후학을 양성했다. 그가 남긴 수백 권의 책들은 오늘날 후손에게 귀중한 학술자료가 되었고 그의 공부 인생은 후손에게 영원히 전해지고 있다. 바로 다산 정약용 선생이다.

"태산은 단 한 줌의 흙도 마다하지 않았기 때문에 그 높음을 이룰 수 있었고 하해(河海)(큰 강과 바다)는 작은 물줄기도 가리지 않았기 때문에 그 깊음을 이룰 수 있었습니다."

초나라 이사가 쓴 명문 「간축객서(諫逐客書)」에 나오는 구절이다. 흙 한 줌이 태산이 되는 것은 기적이지만 태산은 그 흙 한 줌으로부터 시작되었다. 인생의 성공과 실패도 따지고 보면 20대 때부터 작지만 꾸준히 조금씩 축적해나간 공부에 의해 결판난다. 하지만 이 사실을 많은 젊은이들은 모르고 있다. 일생일대 절호의 기회가 오거나 큰 행운이 와야 크게 성공할 수 있다며 대박을 꿈꾼다. 하지만 수많은 위인들과 성공한 사람들을 보면 아이러니하게도 대박을 꿈꾸거나 한두 번 절호의 기회로 크게 성공한 사람은 단 한 명도 없다. 그들은 하루하루 축적해나가는 공부를 통해 태산이 한 줌의 흙도 마다하지 않았기 때문에 그 높음을 이룰 수 있었던 것처럼 그렇게 자신의 거대한 성공을 향해 일상 속에서 하루하루 축적해나간 사람들이었다.

20대에 치열하게 진짜 공부를 한 사람과 그렇지 않은 사람은 20대 때는 확연한 차이가 안 나지만 30대가 되면 작은 차이가 눈에 띄고 40대가 되면 엄청나게 큰 차이가 난다. 그래서 인생이 조금 보이기 시작하는 40대 때 사람들은 치열하게 공부하지 않았던 20대 때를 그리워하고 후회한다. 하지만 40대에 다시 공부를 시작하는 무서운 사람들도 없지 않다. 하지만 그들은 60~70대 때 그 결실을 보게 된다는 사실을 명심해야 한다. 이 사실을 보여주는 대표적인 인물이 바로 필자가 전작에서도 소개했던 공손홍(公孫弘)이다. 그는 20대 때 공부하지 않았다. 그래서 40대까지 남들처럼 평범하게 살았다. 하지만 늦었지만 40대부터 학문에 뜻을 두고 공부하기 시작했다. 덕분에 그는 공부를 통해 인생을 바꿀 수 있었다. 하지만 그가 공부를 통해 빛을 본 것은 노년이라는 점을 명심해야 한다.

중국 한무제 때 인물인 공손홍은 산동지역에서 살았고 전직이 옥리(獄吏)였다. 하지만 그 직업조차 죄를 짓고 쫓겨나는 산전수전을 겪게 된다. 결국 그는 시골에서 돼지를 키우며 생계를 꾸려가는 공중전까지 겪으며 하루하루 희망도 도전도 없이 생명만 연장시키는 패배자가 되었다. 하지만 그의 진면목이 나타난 것은 바로 40대 이후였다. 그는 제2의 인생에 도전했다. 돼지를 키우며 생계를 꾸려가는 그에게 40대의 공부는 지금처럼 쉬운 것이 아니었다. 하지만 「춘추잡설(春秋雜說)」을 독학하며 공자가 말한 공부의 기쁨을 누리며 공부에 빠져들었던 것이다. 그렇게 20년의 세월이 흘러 그의 공부는 비로소 빛을 발하기 시작했다. 그의 학문은 점차 인정받기 시작했고 급기야 지방관의 추천을 받아 중앙정부의 벼슬길에 오르게 되어 일약 조정의 박사(博士)로 임명되었다. 하지만 이 세상은 항상 부침이 있고 시련과 역경이라는 세파가 불기 마련이다. 그에게도 시련이 닥쳐왔다. 힘들게 얻은 관직에서 다시 물러나야 했던 것이다. 하지만 40대 때의 공부를 통해 자신을 뛰어넘고 세파에 흔들리지 않는 큰 그릇으로 자신을 발전시키고 완성시켰다.

세파에 연연하지 않고 다시 공부에 전념한 결과, 그는 66세에 다시 조정에 들어가게 되었고 76세 때 드디어 승상의 위치에 오르게 되었다. 그는 중국 역사에 큰 족적을 남긴 인물 중 한 명이 되었고 인생 후반기에 멋진 삶을 일구었다. 이렇게 인간의 진면목은 40대 이후의 공부를 통해서도 충분히 나타날 수 있고 유일무이한 존재가 될 수도 있다. 하지만 70세가 넘어 승상의 자리에 올랐다는 사실을 통해 우리가 배워야 할 사실이 있다. 20대 때 공부를 시작했더라면 좀더 일찍 40~50대 때 결실을 맺었을 것이라는 사실이다. 공부의 결실이 이렇게 수십 년 후에야 나타나는 이유는 무엇일까? 공부는 결국 축적이기 때문이다. 인생 중반에 성공하고 싶은 사람은 20대 때 치열하게 공부해야 한다.

공부를 통해 의식을 변화시켜라

'평범한 사람과 비범한 사람의 차이는 능력이나 지식이 아니라 의식에 있다.' 이것이 필자의 지론이다. 공부나 독서를 오랫동안 많이 한 사람들이 크게 성공하는 것은 지식이 많아서가 아니라고 필자는 생각한다. 지식은 아무리 늘어도 인생을 바꾸진 못 한다. 인생을 바꾸는 것은 지식이 아니라 의식이다. 이런 점은 능력이나 기술 문제에서도 다르지 않다. 이 세상에는 능력이 뛰어난 사람들이 적지 않다. 하지만 성공하는 사람들을 보면 그렇게 능력이 뛰어난 사람들이 아니라는 점이 놀랍다. 능력이 비슷한 사람들 중에서도 누구는 크게 성공하고 큰돈을 번다. 하지만 비슷한 능력의 어떤 사람들은 평범하게 살아가고 있고 또 어떤 사람들은 능력이 크게 떨어지지 않으면서도 별 볼 일없는 인생을 살아가고 있다. 이 차이를 만드는 것이 바로 의식이다.

'능력의 차이는 5배를 넘을 수 없지만 의식의 차이는 500배를 넘을 수 있다.' 너무 심한 말인가? 절대 아니다. 의식의 차이 때문에 하루에 10만 원도 못 버는 사람이 있는가 하면 하루에 10억 원을 비는 사람도 있다. 이렇게 이 차이를 능력의 차이라고 할 수 있을까? 성공과 실패를 결정짓는 것은 어떻게 보면 눈에 보이지 않는 작은 것들이라고 할 수 있다. 눈에 보이지 않기 때문에 그 차이가 매우 큰 것이라고 오해하는 것이다. 사실 그 차이는 매우 미미하다. 하지만 그 작은 차이가 좀처럼 쉽게 바뀌지 않는 이유는 1%의 의식이 달라진다는 것이 매우 어렵기 때문이다. 이 세상에서 의식을 단 1%라도 바꿔주는 것은 독서와 여행이다. 독서는 결국 공부라고 생각해도 무방하다. 의식이 달라지면 인생이 바뀔 수 있다.

필자가 대학을 다닐 때 소득과 영어 실력은 비례한다는 말을 들은 적이 있다. 그런데 그것은 단순히 지식의 격차나 영어 실력의 격차가 소득 격차를 좌우하는 것이라고 생각할 수 없다. 알게 모르게 더 열심히 영어공부를 한 사람은 의식과 사고가 달라질 수밖에 없기 때문이다. 그래서 그 차이는 의식의 차이에서 비롯된다고 생각한다. 20대는 모든 것이 정해진 시기가 아니다. 모든 가능성이 가장 많이 열린 시기다. 지식은 몇 개월만 지나면 잊는다. 결정적으로 지식은 의식보다 무가치하다. 아는 것은 힘이 아니다. '구슬이 서 말이라도 꿰어야 보배'이듯 지식을 꿸 뭔가가 있어야 한다. 그 '뭔가'가 바로 '의식'이다. 20세기 최고 과학자 앨버트 아인슈타인이 '지식보다 상상력이 더 중요하다'라고 말한 것도 이와 다르지 않다. 상상력이 좋다는 것은 결국 남들이 생각하지 못 하는 새로운 것들을 자꾸 생각해내는 힘이 있다는 것이다. 결국 이것은 사고력이 뛰어나다고 할 수 있는데 이런 사고력이 궁극적으로 의식에서 비롯된다고 할 수 있다. 긍정적인 생각을 하는 사람은 긍정적인 의식이 강해서 그렇다. 부정적인 의식이 강한 사람이 무엇을 해도 좀처럼 성공하기 힘든 것도 이 때문이다. 부정적인 의식이 강한 사람은 부정적인 사고방식에 사로잡혀 매사 부정적이기 때문에 행동이 움츠러들고 뭔가 혼신을 다해 하는 것이 그토록 힘든 것이다.

우리가 뭔가를 할 때 혼신을 다할 수 있는 것은 그 일이 반드시 성공할 것이라고 믿기 때문이다. 능력이 아무리 출중한 사람도 일이 성공할 것 같지 않다면 어떻게 혼신의 힘을 다해 몇 년, 몇 십 년 동안 할 수 있겠는가? 심지어 목숨을 걸어야 한다면? 이런 점에서 의식은 매우 중요하다. 이런 의식이 달라지게 해주는 것은 공부와 여행뿐이라고 생각한다. 일상의 경험은 그 영향이 너무 미미하므로 대부분의 사람들이 평생 일상의 경험을 하면서 살지만 어제와 별다르지 않은 인생을 살아가는 것이다.

로버트 콜리어의 「나를 부자로 만드는 생각(Be Rich)」에서도 이 사실을 잘 말해주고 있다. 이 책에서 로버트 콜리어는 성공과 실패는 이미 당신 안에 정해져 있기 때문에 마음속에서 소망하는 형상이 이미 선명히 이루어졌다고 믿으면 현실이 될 것이라고 주장한다.

"성공하기 위해 아무리 열심히 일해도 당신의 생각이 실패에 대한 두려움에 젖어 있다면 모든 수고는 물거품이 될 것이고 모든 노력도 허사로 돌아갈 것이며 성공은 불가능할 것이다."

– 로버트 콜리어 「나를 부자로 만드는 생각」 179쪽 –

진짜 고수는 공부로 만들어진다

인생을 살아가는 데 진짜 고수들은 공부로 만들어진다는 사실을 명심하자. 공부를 통해 인생의 진짜 고수가 된 사람으로 필자는 반기문 총장과 버락 오바마 대통령을 들고 싶다. 이 두 명은 지금 세계에서 가장 영향력 있는 인물임에 틀림없다. 특히 반기문 총장은 세계에서 가장 유명한 한국인이었다. 가수 싸이가 유명해지기 전에. 물론 20대 때 지독하고 치열한 공부를 통해 성공하지 않고 다른 것들로 크게 성공한 인물들도 있다. 가수 싸이, 서태지, 김연아, 박세리 등등. 하지만 이런 유형의 인물들은 대부분 가수나 운동선수다. 그리고 간과해선 안 되는 것은 그들이 보통사람들이 치열하게 공부하는 수준의 수십 배, 수백 배 더 지독하고 치열하게 연습하고 훈련했다는 사실이다. 세상에 공짜는 없다. 특별히 자신이 가수와 배우 등과 같은 연예인이나 운동선수가 목표가 아니라면, 즉 그 외 모든 분야의 사람들은 반드시 20대에 지독하게 공부해야 한다.

오바마 대통령은 세계에서 가장 영향력 있는 인물 1위다. 그는 공부의 중요성을 누구보다 잘 알고 있다. 최근에는 외형적인 한국 학생들의 공부 모습을 언급하기도 했다. 하지만 더 중요한 것은 학교 성적이나 졸업, 취업이나 진학을 위한 시험공부가 아니다. 영국의 천재적인 사상가로 유명한 존 스튜어트 밀의 일생을 살펴보면 진짜 공부가 어떤 것인지 알 수 있다. 그의 삶에서 두 가지 놀라운 사실을 발견할 수 있다. 첫째, 인류 역사상 가장 천재적인 인물 중 한 명으로 꼽히는 그도 처음에는 평범한 지능의 평범한 사람이었다. 둘째, 공부를 통해 둔재가 천재로 진정한 고수로 도약할 수 있다는 사실이다. 그리고 여기서 간과해선 안 될 사실은 그가 공부를 시작한 시기가 남들보다 매우 빨랐다는 사실이다. 다시 말해 남들보다 빨리 시작하는 것이 더 유리하다는 사실이다. 존 스튜어트 밀도 이 사실에 대해 자신의 자서전에 다음과 같이 적었다.

"만약 내가 무슨 일을 해낼 수 있었다면 운이 좋은 것도 있지만 아버지로부터 받은 초기 훈련의 모든 것을 통해 또래사람들보다 25년 더 빨리 출발한 덕분이다."

― 「존 스튜어트 밀 자서전」 범우사, p.36 ―

진짜 공부를 하려면 무엇이 필요한가? 한 마디로 열망이다. 공부에 대한 진정한 열망이 있어야 한다. 40대가 다 되어 공부에 제대로 미칠 수 있었던 것은 인생을 살아보니 공부 없인 진짜 인생 고수가 될 길이 없었기 때문이다. 자기 안에서 공부에 대한 진정한 열망을 발견하지 못 한다면 제대로 공부에 미칠 수 없다. 그렇게 되면 다른 사람을 통해 아무리 노력해도 참된 공부는 기대할 수 없다. 공부에 대한 열망을 깨워줄 사람은 자기 자신뿐이기 때문이다.

생각하고 행동하고 스스로 공부하라

> "가끔 사람들은 성공 비결이나 꿈을 이루는 방법을 내게 묻곤 한다. 그 대답은 간단하다. '스스로 해보라'"
>
> — 월트 디즈니의 「꿈을 이루어주는 월트 디즈니 메시지」 p.17 —

제대로 공부에 미친 사람은 반드시 실천하고 생각해야 한다. 즉 참된 공부를 생각하는 것과 행동하는 것이 반드시 뒤따라야 한다. 그렇지 않으면 참된 공부가 될 수 없다. 그런 점에서 생각과 행동으로 이어지는 공부가 참된 공부다. 공부한다고 말하는 사람이 있지만 지식이나 정보 습득에만 치우쳐 생각이나 행동이 전혀 바뀌지 않는 사람은 진짜 공부를 하는 사람이 아니다. 다른 인문학이나 철학서적은 절대로 안 보고 돈만 많이 벌 생각에 재테크 서적만 보는 사람들이 있다. 그들의 행위는 진짜 공부라고 할 수 없다. 이런 공부는 돈을 벌기 위해 익히는 기술에 불과하기 때문이다. 진짜 공부는 생각과 행동이 바뀌고 생각과 행동이 뒤따르는 공부여야 한다.

20세기 최고 지성으로 평가받는 이반 일리히는 자신의 대표작 「학교 없는 사회」에서 이렇게 말했다.

'학교는 사람들을 체계적으로 근본적으로 노예로 만든다.'

사람들을 노예로 만든다는 것은 무엇일까? 스스로 공부하지 못 하게 만든다는 말이다. 그리고 그것은 모든 생활과 노동과 여가, 가정생활 등이 공부가 되는 것을 포기하도록 만든다는 말이다. 자격증이나 학벌을 위해 공부하게 만들고 경쟁을 강요하는 공부는 진짜 공부가 아니다. 진짜 공부는 체계적으로 근본적으로 평생 경쟁의 노예로 만드는 공부가 아니다. 경쟁이나 사회시스템을 초월하는 공부다. 공부는 눈앞의 실리를 따르는 것과 정반대여야 한다. 공부의 본질은 성공이나 부의 추구가 아니라 진리 추구와 위대함에 대한 참된 인생의 추구여야 하기 때문이다. 공부는 자유에의 도전이어야 한다. 사회시스템과 경쟁, 자본과 권력, 성공과 명예, 습속의 굴레에서 벗어나 삶의 새로운 가능성을 탐색하고 자신을 위대한 존재로 성장시키고 인생의 참된 주인으로 살아가도록 해주어야 진짜 공부다.

변혁의 시대, 믿을 것은 공부뿐이다

「지혜를 갖추고 상대를 압도(壓倒)하라」에서 매우 재미있지만 많은 생각을 하게 만드는 대목이 있다.

"진정 현명한 사람은 감사한 사람 대신 필요한 사람이 되려고 한다. 존재의 필요성은 세속적인 감사의 말보다 훨씬 가치 있다. 누군가에게 필요한 존재는 그의 마음속에 영원히 남지만 감사의 말 한 마디는 결국 시간 속에 흩어져버리기 때문이다."

– 발타자르 그라시안 「지혜를 갖추고 상대를 압도하라」 p.16 –

이 대목에서 필자는 충격을 받았다. 누군가로부터 감사한 존재가 되는 것은 매우 유쾌하고 행복한 일이다. 그런데 감사한 존재보다 꼭 필요한 사람이 되는 것이 더 현명한 것이라고 말하고 있기 때문이다. 왜 감사한 존재보다 필요한 존재가 더 현명한 것일까? 그 이유에 대해 저자인 발타자르 그라시안은 재미있는 이야기를 통해 설명한다. 바로 감사한 존재는 쉽게 잊히고 있으나마나한 존재로 전락하지만 필요한 존재는 쉽게 잊히지도 않고 있으나마나한 존재로 전락하지도 않기 때문이라는 것이다.

'토사구팽(兎死狗烹)'이라는 고사성어처럼 감사한 존재는 필요없어지면 언제든지 버림받고 잊혀진다는 것이다. 하지만 공부를 통해 자신을 꼭 필요한 존재로 만들어나가는 사람은 항상 자신의 공부 덕분에 세상이 그를 필요로 한다. 직장에서 기발한 아이디어와 독창성으로 프로젝트를 훌륭히 수행해 회사에 큰 수익을 안겨 보상받는 것은 일시적이다.

조금만 지나면 아무도 기억해주지 않는다. 토사구팽처럼 새로운 인재들이 많이 입사하면 제 발로 회사를 떠나야 한다. 그때 당신이 믿을 수 있는 것은 공부뿐이다.

"계속 나를 배우면서 나를 갖추어나간다. 언젠가 내게도 기회가 올 것이다." 링컨은 자신의 이 말대로 평생 공부하면서 자신을 갖추어나간 인물이다. 특히 20대 전후에 누구보다 치열하게 공부한 인물이다. 남들보다 더 지독하게 공부한 결과, 인생 후반기에 미국 대통령이라는 최고 자리에 오를 수 있었다.

현대는 광속변화의 시대다. 미국 100대 기업 중 40%가 100대 기업에서 사라졌기 때문이다. 2000년대 중반까지 세계 PC시장 1위 업체는 델(Dell)이었다. 하지만 10년도 안되어 현재는 3위로 밀려났다. 2009년 전 세계적으로 사용된 스마트폰의 40%는 노키아였지만 현재는 5%대로 추락했다. 이런 광속변화의 시대에 믿을 것은 '진짜 공부'뿐이다. 진짜 공부는 정직하고 무서울 만큼 정확하다. 당신이 노력하고 투자한 만큼 정직하게 보상해준다.

「희망의 인문학」으로 유명한 얼 쇼리스는 빈민들이 겪는 박탈감과 무기력, 생활고를 근본적으로 해결하기 위한 재활교육이나 직업교육에 반대했다. 그는 그들에게 필요한 것, 인생을 다시 회복시키고 성공적으로 살아가는 데 힘이 되어주는 것은 '인문학 공부'라고 생각했고 그것을 실천에 옮겼다. 그 결과 '인문학 공부'는 빈민들에게 인간다운 삶에 대한 갈망을 불러일으켰고 이런 갈망은 자연스럽게 박탈감과 무기력에서 벗어나게 해주었을 뿐만 아니라 참된 인생을 살아갈 진짜 힘을 주었다. 얼 쇼리스는 다음과 같이 말했다. "고대 그리스 사회의 비범함은 인간이 예술, 문학, 수사학, 철학, 자유라는 독특한 개념으로 자신의 인간됨을 인식함으로써 자신을 재창조했다는 데 있다." 자신의 삶과 인간을 제대로 성찰하고 인식하게 해주고 새로운 삶의 가능성을 탐색하며 새로운 인생을 창조하도록 해주는 것은 돈이나 성공이 아니라 '진짜 공부'다.

변혁의 시대에 실패하거나 평범한 인생을 살아가는 것은 성실하지 않아서가 아니라 공부하지 않아서다. 아무리 열심히 일해 성공하더라도 그런 성공이 당신의 인생을 평생 책임져주진 않는다. 그 어떤 직장, 학벌, 인맥도 변혁의 시대에 믿을 수 없다. 그렇기 때문에 그것에 기대하면 안 된다. 필사적으로 30~40대에 일해도 그것이 성공과 생존을 보장해주지 않는다. 그때는 누구나 절박하므로 거의 모두 그렇게 열심히 일하며 살아간다. 하지만 20대는 다르다. 학생이라는 명분으로 청춘을 즐기고 군인이라는 명분으로 공부와 거리를 두기도 한다. 또 생활형편상 목숨 걸고 열심히 아르바이트하면서 아까운 20대를 다 보내기도 한다.

눈에 보이는 스펙보다 눈에 보이지 않는 공부가 더 중요하다

고학력이 사회에서의 성공을 결코 보장해주지 않는다. 엄청난 스펙도 평생의 성공과 생존을 의미하진 않는다. 물론 과거에는 고학력이 인생의 성공과 생존을 보장해주었다. 그리고 그때는 지금과 달리 '학력사회'였고 '평생직장'이라는 말이 있을 정도로 평생 한 직장을 다녔다. 변화가 적었던 당시는 자격증 하나만 있으면 평생 먹고 살 수 있었다. 하지만 지금은 '평생직장'이라는 말 자체가 없어졌다. 30대 후반이나 40대 초에 힘들게 들어간 회사에서 나와야 한다. 회사가 내쫓기 전에 제 발로 나오는 사람들이 적지 않다. 더 이상 희망이나 미래가 보이지 않기 때문이다. 그만큼 경쟁이 심해졌고 세상은 더 빨리 변해가기 때문이다. 그런데 이렇게 변화가 심한 시대, 즉 변혁의 시대에 20대 때 힘들게 만들고 쌓아올린 스펙이 무용지물이라는 사실을 알아야 한다. 토익 몇 점을 받고 외국어 스피킹 자격증 몇 개가 있고 특정 분야의 기술사 자격증이 있는 사람은 그런 스펙으로 몇 차례 취업이나 승진을 할 수 있을지 몰라도 그 이상은 바랄 수 없기 때문이다. 오히려 눈에 보이는 스펙보다 눈에 보이진 않지만 인문학 공부를 통해 인문학적 소양을 갖춘 사람은 평생 무엇을 해도 남다르게 할 수 있고 남다른 생각을 해낼 창조적 인간으로 남게 된다. 누가 더 성공할 것 같은가? 성공의 절대법칙은 '남들보다 잘하는 것이 아니라 남들과 다른 것을 생각해내고 할 수 있어야 한다는 것'이다. 그렇다면 스펙 쌓기는 남들보다 잘해서 얻는 것이다. 그런 스펙을 쌓은 사람은 이미 수십 만 명이다.

또한 당신이 힘들게 취득한 자격증의 유효기간은 날이 갈수록 짧아진다는 것이다. 여기서 유효기간은 실제적으로 존재하는 유효기간이 아니라 그 자격증으로 뭔가 할 수 있는, 자격증의 쓸모가 조금이라도 남은 가상의 기간을 말한다. 보이지 않지만 진짜 공부를 하는 사람들이 성공하는 것은 대부분 스펙 쌓기와 같은 가짜 공부를 하기 때문이다.

어느 날 쥐들끼리 경주를 했다. 죽기 살기로 달린 쥐가 1등을 차지했다. 그것도 2등과 엄청난 차이로. 그런데 이 쥐 경주의 가장 큰 문제는 무엇일까? 그것은 1등을 아무리 수십, 수백 번 해도 쥐는 쥐일 뿐 절대로 고양이가 될 수 없다는 사실이다. 스펙 쌓기가 쥐 경주와 같다는 사실을 당신은 알고 있는가? 아무리 스펙 쌓기를 잘해도 여전히 당신은 평범한 사람이라는 것이다.

프로와 아마추어는 진짜 공부에서 결정된다

당신의 미래는 오늘 무엇을 공부하는가에 달려 있다. 모든 것이 뒤죽박죽인 시대에 당신은 살고 있다. 한 마디로 변혁의 시대를 넘어 혼란의 시대라고 말하고 싶다. 이런 시대에 사회가 필요로 하는 프로는 어떤 사람일까? 한 마디로 남들이 생각해내지 못 하는 것을 생각해내고 남들이 못 보는 문제의 핵심을 꿰뚫어보고 해결책을 내놓을 수 있는 사람이다. 이들은 스펙 쌓기를 통해 고학력, 고스펙을 가진 사람들이 절대 아니다. 고스펙, 고학력자들은 시대가 갈수록 더욱더 찬밥 신세를 면치 못한다. 그들은 자신의 고학력, 고스펙을 믿고 그것에 의지해 독하게 공부할 필요성을 느끼지 못하기 때문에 나태해질 수밖에 없는 유혹에서 벗어나기 힘들다.

반면, 아무것도 가진 것이 없는 사람들은 절박한 심정으로 20대 때 지독하게 공부한다. 한 마디로 끝없이 배우고 공부하는 사람이 된다. 바로 이렇게 끝없이 배우고 지독하게 공부하는 사람만 새로운 시대에 성공할 인재이며 프로인 것이다. 아마추어들은 부와 성공을 위해 공부한다. 그래서 가짜 공부이고 부와 성공을 얻지 못 한다. 프로는 부와 성공을 위해 공부하지 않는다. 프로는 위대함을 갖추기 위해 공부한다. 그래서 프로는 인생 고수들의 공부이며 그래서 진짜 공부다. 그 결과, 부와 성공이 목표가 아니지만 부산물로 저절로 자신의 인생으로 흘러들어오는 것이다. 그래서 프로는 멋지고 아름답다. 돈이나 성공을 목표로 일하지 않아도 부족함 없이 흘러들어오기 때문에 더 프로다워지는 것이다.

　하기 싫은 공부를 억지로 열심히 하는 것은 하수, 아마추어의 방식이다. 프로와 인생 고수는 정말 공부가 하고 싶은 사람들이다. 프로는 의지력으로 만들어지지 않는다. 아마추어는 자신의 의지력 때문에 공부하지만 프로는 자신의 즐거움과 기쁨 때문에 공부한다. 아마추어들이 죽었다 깨어나도 절대로 깨닫지 못 하는 것이 바로 프로의 공부 세계다. 프로는 공부의 참된 즐거움과 기쁨을 안다. '천재는 노력하는 자를 이길 수 없고 노력하는 자는 즐기는 자를 이길 수 없다'라는 말이 있다. 그리고 이제는 '즐기는 자는 미칠 만큼 좋아하는 자를 이길 수 없다'라는 말이 나오는 실정이다.

공부하지 않은 자는 공부하는 자를 뛰어넘을 수 없다

「고액 연봉자들은 20대부터 무엇을 했나?」라는 책에 매우 재미있는 이야기가 나온다. 40세 이상 직장인 중 연봉이 3

배 이상 차이나는 사람들, 즉 연봉이 2억 원과 7천만 원인 1천 명을 대상으로 직장생활을 시작한 20대부터 지금까지 했던 공부법, 독서량, 생활과 사고 패턴 등을 설문조사한 이야기다. 그 결과는 매우 충격적이다. 한 마디로 '2배 더 공부하면 연봉은 3배 차이가 난다.'는 것이었다. 필자는 이것이 잘못되었다고 생각한다. 실제로 2배 더 공부하면 연봉은 10배 이상 쉽게 차이나기 때문이다. 고액연봉자들이 20대 때부터 40대인 지금까지 꾸준히 해온 공부 시간이 저연봉자보다 2배가량 많다는 충격적인 사실은 공부가 연봉을 직접적으로 결정한다는 사실의 근거가 될 것 같다.

공부하기 위해 투자한 시간뿐만 아니라 투자비용도 고액연봉자들이 2배가량 많다. 결국 이 세상에 공짜는 없다. 하지만 공부에 투자하면 투자량의 몇 배나 돌려받게 된다. '공부는 인생 최고의 투자다.' 진짜 공부는 인생 최고의 투자이며 재테크이며 보험이다. 그래서 누구보다 더 필자가 해오고 있다. 그 결과, 공부하지 않고 열심히 직장생활하며 누구보다 열심히 살았을 때는 부자가 되지 못 했고 성공하지도 못했다. 이것이 필자의 솔직한 부끄러운 과거였다. 늦었지만 30대 후반에 세상과 단절한 채 3년 동안 진짜 공부를 했다. 신문도 뉴스도 TV도 보지 않았다. 친구들과 전화 연락도 거의 하지 않았다. 명절 때 할 수 없이 최소의 친구와 한두 번 통화한 것이 전부다. 필자가 3년 동안 지독하게 공부해 깨

달은 교훈이 하나 있다. '공부하지 않는 자는 공부하는 자를 절대로 뛰어넘을 수 없다.'

영어 단어 하나 더 외우고 상식 하나 더 암기하고 기술 하나 더 배우는 것은 '진짜 공부'가 아니다. 그런 것들은 남에게 쉽게 자리를 내주어야 한다. 쉽게 얻은 것은 쉽게 잃는 법이다. 하지만 지독한 공부로 남들이 절대로 접근할 수 없는 경지가 되면 그때부터 경쟁자들은 사라진다. 독보적인 존재가 되는 것이다. 그것이 바로 세스 고딘이 말하는 '린치 핀'이다. 어디서 무엇을 해도 꼭 필요한 사람이 되는 길은 바로 '진짜 공부'를 하는 것이다. 한 치 앞이 안 보이는 격변의 사회, 세계적인 금융위기와 불황, 무한경쟁 시대 최고의 생존 전략은 '진짜 공부'다.

필자는 정말 남들보다 몇 배 더 지독하고 고생스럽게 공부했다. 하지만 40대라도 진짜 공부를 한다면 결국 공부는 보상을 해준다. 그래서 공부한 자는 결코 망하지 않는다. 20대의 진짜 공부는 인생 공부라기보다 비범해지기 위한 공부이고 자신을 명품으로 만들어나가기 위한 공부일 것이다. 즉, '린치 핀'이 되는 공부가 바로 20대 때 하는 진짜 공부인 것이다.

세상에 공짜는 없다

⌄

　필자가 좋아하는 격언은 '세상에 공짜는 없다'다. '세상에 공짜 점심은 없다'도 비슷한 의미다. 내가 이 격언을 좋아하는 것은 그것이 내 마음을 다잡아주기 때문이다. 특히 공부의 세계는 무서울 정도로 정확하고 공평하다. 그래서 좋은 배경에서 태어난 사람도 공부는 남이 대신 해줄 수 없다는 점에서 세상 모두에게 가장 공평하다. 물론 총명한 두뇌를 타고 난 사람들은 남들보다 훨씬 적은 노력으로 더 많은 성과를 내는 것처럼 보인다. 물론 사실이다. 하지만 더 중요한 사실은 처음부터 그가 그런 천재는 아니었다는 사실이다. 한두 명을 제외한 대부분은 남들이 알게 모르게 남다른 탁월한 방법으로 자신을 지독하게 훈련시킨 결과, 현재의 놀라운 공부 대가의 반열에 올랐다는 점도 무시할 수 없다.

　모차르트나 빌 게이츠, 세기의 천재로 불리는 레오나르도 다 빈치를 유심히 살펴보면 이 사실을 쉽게 이해할 수 있다. 우리는 모두 모차르트를 타고난 음악 신동으로 여긴다. 그리고 이것이 큰 오해가 아닌 것은 세상에 이렇게 알려졌기 때문이다. 하지만 최근 그에 대해 연구한 많은 학자들이 모차르트도 그렇게 타고난 천재는 아니었다는 새로운 주장을 시작한 데 주목해야 한다. 모차르트의 초기 작품들은 결코 탁월하지 않았다. 그리고 이 사실은 그가 타고난 음악 신동이라는 세상의 편견을 여지없이 무너뜨린다. 이 사실의 근거가 되는 전문가의 증언들을 살펴보자.

"매우 어린 나이에 작곡을 시도한 것은 대단하지만 어린 아마데우스(모차르트)가 발표한 초기 작품들은 전혀 비범하지 않았다. 사실 그의 초기 작품들은 다른 유명 작곡가들의 모사에 불과했다. 11세부터 16세까지 작곡한 초기 7곡의 피아노 콘체르토 작품들은 독창성이 거의 없고 모차르트가 썼다고 말하기도 민망할 정도라고 템플대 로버트 와이즈버그는 말했다. 본질적으로 모차르트는 피아노와 다른 악기로 연주하기 위해 다른 작곡가들의 작품을 편곡한 데 불과하다."

– 데이비드 솅크, 「우리 안의 천재성」 한국방송출판, p.89 –

"돈 조반니 같은 걸작을 작곡한다는 것은 엄청난 창의력이 아니면 불가능하다. 모차르트의 능력의 원천은 신이 내린 듯한 유전자 때문이 아니라 조바심 내지 않고 끊임없이 노력하면서 오랜 시간 피나는 연습으로 이루어졌다는 것이다. 그의 아버지는 그에게 정말 많은 시간 동안 악기 연습을 시켰다."

"모차르트의 능력이 일반인들보다 탁월하다는 것은 논쟁할 필요도 없습니다. 하지만 간과할 수 없는 것은 그가 다른 사람들과 다르게 태어났다고 해서 원칙적으로 다른 부류로 구분하고 그가 아무 노력도 없이 원래부터 천재라고 생각하는 것은 어리석다는 겁니다."

– 베르너 시퍼 「새능의 탄생」 타임북스, p.62 –

음악의 천재가 되고 최고의 작곡가가 되고 싶다면 남들보다 먼저 더 많이 더 치열하고 지독하게 연습하는 길밖에 없다. 공부의 경우, 이런 사실은 더욱 분명하다. 「단단한 공부」의 저자 윌리엄 암스트롱은 자신의 저서에서 공부란 결국 고통에 시달리는 것임을 정확히 적고 있다.

"새로운 것을 배운다는 것은 곧 관성적인 편안함에서 벗어난다는 의미다. 새로운 정보가 낯설고 어려울수록 현재의 편안한 마음은 불편해질 것이다. 새로운 정보를 습득하려고 서두르면 마음의 평온이 깨지고 새로운 것을 익히고 숙달하는 과정에서 고통에 시달릴 수도 있다."

– 윌리엄 암스트롱 「단단한 공부」 p.15 –

하지만 실망할 필요는 없다. 고통이 있을 때 기쁨과 즐거움도 있기 때문이다.

당신은 러너스 하이(Runner's High)라는 말을 알 것이다. 달리기를 할 때 30분 전후로 죽을 것 같은 고통을 참아낸 후에 엄청나게 기분 좋은 느낌이 든다. 마치 구름 위를 걸어다니는 것 같은 기분 말이다. 이 용어는 캘리포니아대 심리학자 아놀드 J. 맨델 교수가 처음 소개했다. 그가 발표한 정신과학 논문 「세컨드 윈드(Second Wind)」를 토대로 이 상태는 헤로인이나 모르핀을 투약했을 때 인간이 느끼는 쾌감 상태와 거의 비슷한 수준이라고 한다. 최근 이 상태가 마리화나를 피울 때의 쾌감과 똑같다는 연구 결과도 나왔다. 이런 쾌감 때문에 달리기에 중독된 사람들은 비가 내려도 우산을 든 채 달리는 것이다. 하지만 간과해선 안 될 사실이 있다. 30분가량 고통을 이겨내며 달려야 쾌감을 느낄 수 있는 러너스 하이 상태에 이른다는 것이다. 세상에 공짜는 없다.

공부도 이와 다르지 않다. 공부도 힘들고 고통스럽지만 어느 정도 몰입되면 공부만큼 재미있고 즐거운 것도 없다는 느낌이 드는 지점에 이른다. 필자는 이것을 '러너스 하이(Learner's High); 공부하는 사람들의 쾌감'이라고 부르고 싶다.

처음 스키를 배울 때는 정말 힘들고 많이 넘어지고 스키의 제 맛을 느낄 수 없다. 스키 타는 법을 모르기 때문이다. 하지만 여기에 반전이 있다. 스키 타는 법을 완전히 익혀 상급자 수준이 되면 그때부터 초급자들은 상상조차 못 하는 스키의 묘미를 느끼게 된다. 필자는 이런 경우를 경험해봤다. 처음 스키를 배울 때는 재미없고 힘만 들고 고통스러웠다. '왜 이렇게 스키를 힘들게 배울까?' 의구심을 갖기도 했다. 그러다가 몇 개월 후 중급자가 되고 또 몇 개월 후 상급자가 되자 전혀 다른 세상이 펼쳐졌다. 초급자 시절 한 번도 올라가보지 못 했던 스키장의 최정상에 올라 최고의 절경을 만끽할 수 있었다. 그리고 상급자가 되면 경쟁자가 적고 슬로프에 사람들이 적어 스키장을 혼자 빌린 듯한 착각마저 든다. 그만큼 모든 것이 환상적으로 바뀌는 것이다. 스키장에 가보면 초급자 코스일수록 사람들로 북적이고 슬로프도 좁고 올라가려면 오래 동안 줄서 기다려야 한다. 처음부터 끝까지 힘들다. 하지만 상급자가 될수록 모든 것이 바뀌고 좋아진다. 공부도 마찬가지다. 공부하는 법을 제대로 배워 제대로 공부에 미치면 그때부터 공부는 즐거움이 된다.

「논어(論語)」의 첫 머리에 나오는 '배우고 때로 익히면 기쁘지 아니한가.'라는 말에서 공자도 공부를 즐긴 진정한 공부의 대가였음을 짐작할 수 있다. 필자는 공자도 처음부터 공부를 즐겼다고 생각하진 않는다. 공부 방법을 제대로 익히고 숙달되어야 제대로 미칠 수 있기 때문이다.

2장

진짜 공부는 인생의

가장 큰 특권이다

"인생은 짧지만 지식은 길다. 기회는 순식간에 지나가는데
경험은 믿을 수 없고 판단은 어렵기만 하다."
– 히포크라테스 –

"모든 것의 시작은 위험하다. 그러나 무엇이든
시작하지 않으면 아무것도 시작되지 않는다."
– 프리드리히 니체 –

"장엄한 바다로 뛰어들어 물속 깊이 들어가 멀리 헤엄쳐 나가라.
그러면 자존감과 새로운 힘과 과거에 지나쳤던
경험을 갖고 돌아올 것이다."
– 랄프 왈도 에머슨 –

유능한 사람은 항상 공부하는 사람이다

"유능한 사람은 항상 배우는 사람이다."

100여 권 이상을 집필한 천재 괴테의 말이다. 괴테는 왜 이런 말을 했을까? 바로 자신이 항상 배우고 공부하고 평생 독서했기 때문이다. 우리는 이 사실을 의심할 수 없을 것이다.

"많은 사람들이 독서법을 배워야 한다는 것을 모르고 있다. 나는 독서법을 배우는 데 80년이 걸렸고 그마저도 완벽하다고 할 수 없다."

이 말을 통해 확실한 것은 그는 평생 독서하고 공부했던 사람이라는 사실이다. 이 사실에 대해 누가 반문할 수 있을까? 유능한 사람들은 왜 항상 공부하는 사람들일까? 이 질문에 대해 필자는 이렇게 생각한다. 인류의 역사를 돌아보면 항상 그랬다. 그리고 무엇보다 지난 과거 100년보다 앞으로 10년의 변화가 훨씬 더 눈부실 것이기 때문이다. 지금 당장도 그렇다. 그러므로 어제까지 열심히 배운 지식과 공부는 내일 무용지물이 되는 시대에 우리는 살고 있다.

바로 이 사실 때문에 우리는 평생 공부해야 하고 인류 역사상 유능했던 인물은 항상 공부하는 사람이었던 것이다. 멈추지 않고 꾸준히 공부해 '지속적으로' 유능했던 세계 최고의 발명가이자 사상가, 미래학자인 레이 커즈와일은 '월스트리트 저널'로부터 '지칠 줄 모르는 천재'라는 평을 받았다. 1988년 그는 매사추세츠 공대에서 '올해의 발명가'로 선정되었고 6년 후에는 카네기 멜론대학에서 최고 과학상인 디킨슨 상을 수상했다. 또 2001년 미 연방정부가 수여하는 기술훈장과 세계 최고 권위의 혁신상인 레멜슨 MIT 상도 수상했다. 이 외에도 17개 명예 박사학위를 수여받고 3명의 미국 대통령으로부터도 수상받았다.

그가 이렇게 지속적으로 최고의 상들을 받고 세계 최고의 발명가, 사상가, 미래학자로서 꾸준히 왕성한 활동을 펼칠 수 있었던 비결은 바로 끊임없는 '공부'였다. 그는 10년 전 벌써 미래를 정확히 예측한 사실을 주장해왔다. 바로 인공지능이 인간의 지각능력을 뛰어넘는 순간이 올 것이라고 2005

년 출간한 자신의 저서 '특이점이 온다'에서 예측했다. 특이점이란 인공지능이 인간의 지능을 뛰어넘는 시점을 말한다. 그가 10년 전 이런 주장을 할 당시 많은 전문가와 관계자들은 그의 예측을 무시했다. 하지만 최근 프로 바둑기사 이세돌 9단이 인공지능 '알파고'와의 세기의 5번기 대국에서 패함으로써 모두 그의 주장이 옳았음을 인정하게 되었다.

그는 2029년쯤 컴퓨터에게 감정이 생기고 인간 지능을 완전히 초월할 것이라고 예측한다. 즉 인간의 고유 감정과 유머까지 컴퓨터가 이해하고 능가한다는 것이다. 이것은 컴퓨터가 노벨문학상 수상자가 될 수도 있다는 말이다. 그가 이렇게 오랫동안 유능한 학자로, 현재는 알파고를 개발한 구글의 엔지니어링 이사로 왕성한 활동과 놀라운 성과를 만들어낼 수 있는 것은 그의 꾸준한 '공부' 덕분이다. 현재 그는 실리콘밸리를 움직이는 혁신 기업가이자 15개 이상의 하이테크 기업을 설립한 피터 디아만디스와 함께 '싱귤래리티 대학'을 설립해 기존 대학들과 다른 개념의 대학을 운영하고 있다. 그가 이 대학을 설립한 이유는 무엇일까? 바로 각 분야의 최고 전문가들이 머리를 맞대고 지구촌 과제를 해결할 공부를 위해서다. 그리고 그렇게 공부한 것들을 학생들에게 가르쳐 공부하는 사람들을 끊임없이 배출하기 위해서다. 이 세상은 스스로 공부하는 사람이 늘어날수록 더 윤택하고 풍성해질 것이라고 나는 믿는다. 레이 커즈와일도 이런 생각이 아닐까?

진짜 공부를 하지 않는 것은 인생에서 가장 큰 손해다

진짜 공부는 해두기만 하면 절대로 효과가 사라지지 않는 확실한 자산이 된다. 그런 점에서 진짜 공부를 하는 것은 20대 청춘에게만 부여되는 축복이다. 그렇기 때문에 20대 때 진짜 공부를 하지 않는 것은 인생에서 가장 큰 기회를 낭비하는 것이다. 40대 공부는 인생을 알게 해주고 인생의 참맛을 깨닫는 진정한 인생 공부를 하는 시기다. 그리고 20대 공부는 자신을 진정한 '린치 핀' 즉, 명품으로 만들고 자신을 비범한 존재로 만드는 명품 공부다. 나이대에 맞는 공부가 있다. 10대 공부는 아무것도 모를 때 하는 공부이므로 성적이나 대학입시 공부가 큰 비중을 차지한다. 그리고 이때는 모두 공부한다. 30대 공부는 사회에 정식으로 진출해 정신없이 일하고 사회를 배울 때 하는 공부다. 이때는 솔직히 공부에 미칠 시간이 부족하다. 인생의 가장 큰 장애물인 취업과 첫 사회생활, 결혼, 출산 같은 대부분의 인생대사를 치르는 시기이므로 공부에만 미칠 수는 없다. 40대 공부는 인생의 산전수전을 겪은 후 인생이 조금 보이기 시작하는 가장 젊은 시기다. 그래서 이때의 공부는 참된 인생 공부다. 어떤 점에서 진짜 공부는 이때부터라고 생각한다. 그래서 40대의 공부는 '고위험 고수익(High Risk, High Return)' 원리에서 벗어날 수 없는 공부다. 하지만 진짜 공부는 '저위험 고수익(Low Risk, High Return)' 원리에 가장 어울리는 공부다. 20대 때는 책임질 가족이 없고 맨 밑바닥에서 시작할 수 있고 자신만 챙기면 되는 자유로운 시기다. 몸과 마음도 젊어 훨씬 더 치열하게 모든 에너지를 공부에 쏟을 수 있는 시기다. 30대는 20대보다 열정이 덜하고 40대보다 인생 경험이 미숙한 시기다. 그러므로 공부는 20대와 40대에 해야 한다.

진짜 공부는 당신을 배반하지 않는다

이 세상에 공부만큼 확실한 보상을 주는 것을 필자는 보지 못 했다. 이 세상 무엇을 하더라도 효과가 점점 사라지지만 공부는 아니다. 당신이 무엇을 하고 어느 직종에 종사하더라도 20대의 진짜 공부는 미래에 지속적으로 가치를 창출해줄 것이다. 이시형 박사는 「공부하는 독종이 살아남는다」라는 저서에서 공부는 돈보다 값진 희망과 행복을 만들어준다는 사실에 대해 다음과 같이 적었다.

"공부는 성공을 낳고 성공은 성취감과 자신감을 거쳐 행복
으로 이어진다. 행복은 우리 삶에 생기와 의욕을 불어넣
는다. 공부는 돈 이상이다."

　　　　　　　－ 이시형 「공부하는 독종이 살아남는다」 p.38~39

　땀과 성실, 열정과 자신감만 있는 사람과 남과 다른 20대
의 진짜 공부로 남다른 의식과 문제를 꿰뚫어보는 능력과
새로운 해결책을 제시하는 창조성이 있는 사람 중 누가 더
크게 성공하겠는가? 무조건 열심히 하고 무조건 땀 흘리고
무조건 뜨거운 열정과 자신감으로 무모한 도전도 서슴지 않
는 사람의 성공 확률이 더 높을까? 아니면 진짜 공부를 통해
남다른 의식과 사고능력, 해결능력과 내공을 갖춘 비범한 존
재가 성공할 확률이 더 높을까? 두말하면 잔소리다. 전자는
백 번 시도해 한 번 성공할 수 있다. 그래서 그것을 자랑할
수 있다. 절대 포기하지 않고 성공할 때까지 도전하고 또 도
전했다고 말이다. 물론 이런 사람들도 대단한 사람임에는 틀
림없다. 하지만 이들보다 더 대단한 사람은 20대 때 진짜 공
부에 미칠 수 있는 사람이다. 워런 버핏이나 빌 게이츠가 이
런 부류다. 워런 버핏은 남다른 의식과 사고력이 있다. 그가
세계적인 투자가와 세계 최고의 갑부가 된 것은 젊을 때 누
구보다 지독히 공부했기 때문이다. 빌 게이츠도 20대 때 대
학졸업 공부를 포기하고 중퇴해 진짜 공부에 매진했다. 그

결과, 세계 최고의 부자가 될 수 있었고 오랫동안 큰 실패 없이 승승장구할 수 있었던 것이다.

인생이 달라지는 공부가 진짜 공부다

20대 때 진짜 공부를 한 사람은 지식이 달라지고 확장되는 것이 아니다. 그들은 의식이 달라지고 향상된다. 인간의 의식은 무의식에 비해 빙산의 일각처럼 매우 작은 부분을 차지한다. 그래서 보통사람들은 무의식의 지배를 더 많이 받는다. 그 결과 자신도 왜 그렇게 했는지 이해할 수 없는 선택과 행동을 하는 경우가 종종 있다. 그런데 그런 선택과 행동이 별로 중요하지 않다면 별 문제가 없지만 살아가면서 수많은 선택과 행동이 결국 우리의 인생을 결정짓기 때문에 선택과 행동을 잘하는 것이 매우 중요하다. 특히 일생일대 선택의 기로에서 어처구니없는 선택은 인생을 파멸로 이끌고 패자의 인생이 될 수밖에 없다. 인생의 성공과 실패는 결국 사고능력과 의식 수준이 결정한다. 예를 들어, 초등학생이 아무리 열정과 자신감, 패기와 집념이 강해도 중소기업 사장이 되어 10년 이상 회사를 잘 끌어갈 수는 없다. 그것은 초등학생의 사고력과 의식 수준이 낮기 때문이다. 공부를 많이 한 경제학 박사나 경영학 박사들이 기업을 창업하고 잘 운영할 확률이 높은 것은 공부를 통해 의식과 사고력이 향상되었기 때문이다. 이것은 법학 전공자도 마찬가지다. 공부한 내용이나 분야보다 더 중요한 것은 지독한 공부를 통해 지식보다 더 중요한 의식과 사고력이 향상된 것이다.

'가장 현명한 사람은 배우고자 하는 사람이다.' 탈무드에 나오는 이 말은 허튼 말이 아니다. 배운 사람만 의식과 사고력을 향상시킬 수 있기 때문이다. 의식과 사고력이 향상되어 어제와 다른 자신이 되는 사람은 어제와 다른 세상에서 살아가는 것과 다를 바 없다.

진짜 공부를 통해 무엇이든 될 수 있다

"꼭 필요한 사람이 될 수 있는가?" 이처럼 꼭 필요한 사람이 되는 것은 누구나 할 수 있는 일이다. 또 하나 중요한 사실은 이런 변화를 실행하는 데 특별히 유리하거나 불리한 사람은 없다는 것이다. 어떤 경우든 린치 핀은 신비로운 재능을 타고난 사람들이 아니다. 그들은 새로운 종류의 일이 중요하다는 것을 깨닫고 그런 일을 위해 스스로 훈련한 사람들이다.

"물론 농구선수가 되기 위해서는 큰 키를 타고나야 하겠지만, 농구선수가 되고자 하는 사람이 세상에 몇 명이나 되겠는가? 특별한 경우가 아닌 이상, 꼭 필요한 사람이 되기 위해 노력하는 것은 타고난 자질과 무관하다. 모든 것은 자신의 노력과 행동에 달려 있을 뿐이다."

– 세스 고딘 「린치 핀」 p.48~49

자신의 독특한 책들을 통해 전 세계 수많은 기업들과 사람들의 생각과 행동을 변화시킨, 세계에서 가장 영향력 있는 경영전문가 중 한 명인 세스 고딘은 모든 것은 자신의 노력과 행동에 달려 있다고 말한다. 그리고 더 중요한 사실은 그가 위대한 예술가, 작가, 제품개발자, 카피라이터, 발명가, 과학자, 프로세스 엔지니어, 요리사들이 모두 공통점이 있다고 말한다는 사실이다. 그 공통점이 모두 정규교육을 통해 만들어진 인재가 아니라는 사실이었다. 즉 좋은 학교는 당신이 린치 핀이 되는 것을 방해하진 않지만 린치 핀이 되도록 만들어주지도 않는다는 것이다. 그의 주장의 핵심은 이것이다. "꼭 필요한 사람, 린치 핀은 만들어지는 것이 아니라 스스로 만들어나가는 것이다." 그렇다면 어떻게 만들어나가야 할까? 바로 공부를 통해서다. 공부도 예술이 될 수 있다. 인생에 대해 새로운 해답과 새로운 길과 새로운 성공을 찾아내는 진짜 공부를 한다면 당신은 이미 진정한 예술가인 것이다.

18세기 프랑스 계몽주의 철학자인 장 자크 루소는 그의
저서 「에밀」에서 다음과 같이 적었다.

"식물은 재배로 만들어지고 인간은 교육으로 만들어진다.
그러므로 인간의 위대한 능력도 사용법을 모르면 무용지
물이다. 힘도 없이 약하게 태어나고 도움이나 분별력 없
이 태어났으므로 판단력이 필요한 것이다. 이 모든 것은
교육으로 얻어진다."

– 장 자크 루소 「에밀」 연암사 p.16

그의 말처럼 인간은 위대한 능력이 있다. 다만 그것을 공
부를 통해 얼마나 배우고 익혀 자신의 힘으로 만들고 판단
력과 분별력으로 전환시킬 수 있는가에 달려 있다. 다시 말
해 진짜 공부를 하는 사람은 무엇이든 될 가능성이 있는 사
람이다. 진짜 공부는 절대로 배반하지 않는다. 인간이 가
장 창조적일 때는 즐길 때다. 돈이나 명성을 위해 억지로 하
면 제대로 즐길 수 없다. 즐길 수 없을 때 최악의 성과가 나
온다. 최악의 성과를 거듭하면 아무것도 이룰 수 없다. 진짜
공부는 진짜 변화가 있는 공부다. 그렇게 되려면 진짜 즐기
면서 해야 한다. 공부를 즐기는 법을 배우는 것이 중요한 이
유가 바로 여기에 있다. 미칠 정도로 좋아하고 즐길 때 그

지나친 에너지가 결국 무엇이든 녹여내 만들어내는 것이다.

진짜 공부는 자신을 뛰어넘게 해준다

공부하는 삶과 공부하지 않는 삶은 차이가 있을까? 공부하지 않아도 돈을 많이 벌고 성공할 수 있다. 하지만 아무리 돈을 많이 벌고 유명인사가 되고 성공해도 공부하지 않은 사람은 절대로 자신을 넘어설 수 없다. 벼락부자가 되었더라도 여전히 기존 사고와 의식의 틀 속에서 갇혀 살아야 한다. 돈이 많아졌다는 것은 단지 좀 더 비싼 물건을 사용하고 비싼 공간을 이용하고 비싼 차를 타고 비싼 음식을 먹는다는 것 뿐 당신이 달라지는 것은 절대 아니다.

10대 때는 성적에 대한 스트레스와 압박, 명문대에 가야 한다는 주위 권유와 부모의 간절한 바람 때문에 조금이라도 공부를 소홀히 할 수 없다. 만약 조금이라도 소홀하면 당장 성적이 떨어지고 큰 스트레스로 작용하므로 바짝 긴장해 누구나 열심히 학교 공부를 한다. 하지만 문제는 이런 공부로 자신을 넘어선 사람이 단 한 명도 없다는 사실이다. 이 시기의 공부는 진학할 대학과 학교 성적을 결정지을 뿐 자신이 어떤 사람이 되고 어떤 수준으로 살아갈 것인지는 절대로 결정하지 못 한다는 것이다. 10대 때 부모와 주위 권유로 열심히 수동적인 학교 공부만으로 다행히 우수한 성적으로 소위 명문대에 입학한 친구들 중에서 자신의 진로를 정하지 못 하고 방황하는 경우도 적지 않고 심지어 극단적인 선택을 하는 경우도 있다. 결국 10대의 공부는 대부분 자신을 넘어서는 공부가 아니라 타인과의 경쟁에서 이기기 위한 공부에 불과하다.

하지만 20대 중반부터 30~40대의 공부는 당장 공부하지 않더라도 월급이 나오고 눈에 띄게 문제가 돌출되는 것도 아니고 공부하지 않더라도 당장 성적이 떨어지는 스트레스는 없다. 그래서 그렇게 많은 사람들이 공부하지 않는 것이다. 결국 이 사실을 통해 내릴 수 있는 결론은 20대 이후의 공부에서 공부 기술이나 방법보다 더 중요한 것은 '왜 공부해야 하는가?'에 대한 명확한 인식이라는 것이다. '강력한 이유가 강력한 행동을 낳는다'라는 셰익스피어의 말처럼 20대 때 진짜 공부를 하기 위해서는 진짜 이유가 있어야 한다. 자신을 넘어선다는 것은 자신의 내면에 숨어 있는 위대함을 발견하고 그것을 세상에 내놓아 활용하는 것과 같다. 그렇게 위대함을 갖추면 오랫동안 세상이 필요로 하는 린치 핀으로 남을 수 있다. 당신에게 위대함, 즉 남다른 자신만의 가치를 제공하는 능력이 필요하다. 직장생활을 하면서 직장 일에 매몰당한 채 수십 년을 보낼 수밖에 없었기 때문이다. 그래서 직장을 오래 다닌 사람이 퇴직하는 순간 자신의 힘으로 할 수 있는 것이 하나도 없다는 사실에 크게 좌절하고 절망하는 것이다. 이때 진짜 공부를 꾸준히 했던 사람들은 보란 듯이 제2, 제3의 인생을 멋지게 살아낼 수 있는 것이다. 진짜 공부를 통해 자신만의 탁월함이 있기 때문이다. 필자가 작가이기 때문에 가장 쉽게 예를 들 수 있는 것이 작가의 삶이다. 30~40대까지 직장생활을 한 후 40~50대 또는 직장을 다니면서 30대부터 여러 가지 주제에 대해 조금씩 책을 쓰면서 공부의 끈을 놓지 않고 자신을 다듬어간 사람은 명예퇴직하게 되면 본격적으로 책을 쓰면서 살 수 있기 때문에 더 좋아하게 된다. 하지만 대부분의 직장인들이 공부하지 않기 때문에 직장생활이라는 틀 속에 갇혀 살게 되고 명예퇴직 후의 삶이 비참해지는 것이다. 가장 큰 비참함은 세상이 자신을 필요로 하지 않는다는 것이다.

20대 때부터 진짜 공부를 한 사람은 30대, 40대, 50대가 될수록 그 가치가 빛을 발하고 다양한 인생에 도전할 수 있게 된다. 치열하게 공부해 놓았던 20대가 있기 때문이다. 필자는 직장을 그만두고 나왔을 때 가장 큰 비참함을 느낀 것이 이 세상의 그 누구도 필자를 필요로 하지 않는다는 사실이었다. 다시 말해 직장을 다닐 때는 하루 결근하면 여기저기서 전화가 와 나를 필요로 한다. 그런데 그것은 내가 탁월한 존재이기 때문이 아니라 직장을 다니고 있다는 이유 때문이다. 하지만 그런 직장을 평생 다닐 수는 없다. 그리고 직장생활은 30대 때는 여러 이유로 해볼 만하지만 40~50대가 될수록 힘들고 하더라도 수익이 크지 않다는 것을 염두에 두어야 한다. 어쨌든 평생직장이라는 말은 이제 이 세상에 존재하지 않는다고 생각하는 것이 마음 편하다. 그렇기 때문에 직장인이 아닌 자유인으로서 스스로 회사에서 나왔을 때 이 세상이 자신을 필요로 하는 탁월한 존재가 될 필요가 있다.

진짜 공부는 머리가 아닌 가슴으로 하는 것이다

머리가 나빠 공부와 인연이 없다고 말하는 사람들이 있다. 하지만 나는 그 말에 절대 동의할 수 없다. 사실 공부는 머리가 나쁘기 때문에 더 해야 하고 천재가 아니기 때문에 더 필요하다. 그런 점에서 진짜 공부는 진짜 머리가 아닌 가슴으로 해야 하는 것이다. 인생을 바꾸기 위한 공부에는 수학이나 과학보다 자신의 사고와 의식을 바꿀 인문학, 역사서의 독서와 경제, 경영, 사회, 정치 공부를 통해 세상을 보는 안목을 키우는 공부로 남다른 통찰력을 키우는 것이 더 맞을 것이다. 그런데 이런 공부는 절대로 머리로 하는 것이 아니다. 그 시대 상황에 자신이 직접 들어가 간접적이라도 체험해야 한다. 뜨거운 가슴으로 온 몸으로 느껴야 제대로 된 공부다.

정치나 사회 공부도 마찬가지다. 국민과 국가를 사랑하는 뜨거운 가슴으로 공부하는 사람과 단지 지식만 습득하기 위해 차가운 머리로 공부하는 사람이 얻는 것은 확연히 다르다. 경제, 경영 공부도 다르지 않다. 정말 중요한 것은 서민 경제를 생각하고 일자리를 창출하고 직원들에게 더 큰 복지 혜택을 주려는 마음을 가진 예비경영자의 뜨거운 가슴으로 공부하는 사람이 훨씬 더 제대로 된 공부를 할 수 있다고 생각한다. 진짜 공부는 차가운 머리가 아닌 뜨거운 가슴으로 해야 하므로 절박한 상황에서 훨씬 더 잘 된다고 할 수 있다. 차가운 머리로 하는 10대의 학교 공부는 냉철한 머리만 있으면 잘 할 수 있지만 인생의 절박한 시작점에서 미칠 정도로 치열하게 해야 하는 진짜 공부는 냉철한 머리로 할 수 없는 공부다. 뜨거운 가슴을 가진 것은 인생에 대한 뜨거움이 있다는 의미다. 10대의 공부는 모든 것이 정해진 상황에서 성적만 올리면 되지만 20대의 진짜 공부는 한 치 앞도 내다보기 힘든 어려움 속에서 한 걸음 한 걸음 나아가야 하므로 뜨거움이 없으면 열심히 할 수 없고 결국 공부의 끈을 놓게 된다.

'열심(熱心)'이라는 단어의 뜻이 뜨거운 마음인 것은 그만큼 뜨거워야 우리가 움직이고 말 그대로 열심히 할 수 있다는 말이다. 반대로 '한심(寒心)'은 뜨겁지 않은 차가운 마음이다. 세상을 살만큼 살아온 40~50대 중에는 뜨거운 열정이 식은 사람들이 많다. 그래서 그들은 도저히 공부를 지속할 수 없다. 차가워진 마음으로는 아무 일도 해낼 수 없기 때문이다. 그러므로 아무리 머리가 좋아도 뜨거운 가슴이 없다면 20대 이후의 공부를 제대로 해낼 수 없다. 더욱이 뜨거운 가슴으로 하는 공부가 아니라면 절대로 진짜 공부에 미칠 수 없다.

당신은 지금 당신의 작은 역사를 하루하루 만들어가며 살아간다. 그래서 그 하루하루를 대충 흘려보낼 수 없는 것이다. 그 하루하루 매 순간이 바로 당신의 역사여야 하기 때문이다. 공부도 당신의 역사를 만드는 데 가장 크게 일조하는 것 중 하나다.

진짜 공부는 인생의 가장 큰 특권이다

비행기는 전진하지 않는 순간 추락하고 만다. 이것은 기적이 일어나지 않는 이상, 그대로 실현되는 자연법칙이다. 하지만 이것보다 더 정확하고 똑같은 법칙이 있다. 바로 '인간은 공부하지 않는 순간 도태된다'는 것이다. 공부한다는 것은 인류가 쌓아온 지식, 지혜, 통찰력, 혜안, 사고력이라는 비행기를 타고 인생의 성공과 행복이라는 목적지에 도착하기 위해 날아가는 여정과 같다. 하지만 공부하지 않는 것은 비행기 대신 자신의 발로 직접 그곳에 도착하기 위해 열심히 전진하는 것과 같다. 그렇기 때문에 인생의 참된 시작인 20대 때의 공부는 가장 큰 특권이다.

운명을 바꿀 수 있는 것은 돈이나 성공이 아니라 공부다. 공부하지 않는 것은 인간이라면 누구나 부여받은 특권을 포기하는 것이다. 공부만큼 인생을 드높여주는 것도 없다. 공부한다는 것은 모든 것을 잃어도 다시 일어서게 해주는 위대한 힘을 얻는 것과 같다. 샤를 드골의 말이 생각난다. "인간은 스스로 위대해지길 결심할 때만 위대해진다." 그의 말처럼 우리는 스스로 위대해지길 결심할 때만 위대해질 수 있다. 하지만 공부 외에 자신을 위대하게 만들어줄 수 있는 것은 이 세상에 아무 것도 없다는 것도 알아야 한다. 얼마나 많은 역사의 인물들이 오직 공부를 통해 인생의 새 장을 열어왔는가? 이 사실을 생각하면 가슴이 설렌다. 공부는 수많은 가능성의 세계를 마음껏 펼칠 수 있게 해주는 마법이다. 과거에는 부유한 집안에서 태어나면 별 어려움 없이 살았다. 하지만 지금은 그 어느 시대보다 더 큰 변혁의 시대다. 그래서 공부하지 않은 사람은 아무 일도 물려받을 수 없다.

하다못해 중소기업 사장, 교사, 작가가 되는 것도 그렇다. 자신을 부단히 채찍질해 공부해야 뭔가 이룰 수 있는 시대다.

진짜 공부가 인생의 가장 큰 특권인 것은 시대 변화의 요인도 작지 않다. 조선시대에 태어났다고 생각해보라. 그런데 양반이 아닌 서자, 농민, 노비 출신이라면 어떻게 할 것인가? 평생 신분상승은 꿈도 못 꾼다. 하지만 지금은 어떤가? 얼마든지 공부를 통해 신분상승할 수 있는 멋진 시대를 당신은 살고 있는 것이다. 필자는 이 시대적 변화를 토대로 현재 20대가 공부에 미치는 것은 하나의 큰 특권이며 다른 시대에 20대가 공부에 미치는 것보다 훨씬 더 큰 유익함이라는 사실을 말하고 있다.

20대만큼 공부에 미칠 수 있는 시기도 없다

현대 경영학의 창시자 피터 드러커는 자신의 저서 「프로페셔널의 조건」에서 이 시대가 얼마나 대단한 변혁의 시대이며 무한경쟁의 시대인지 다음과 같이 피력한 바 있다.

"개인의 평균수명 및 평균 근로수명 특히 '지식근로자의 평균 근로수명'은 급속도로 증가한 반면, 고용기관의 평균 존속기간은 실질적으로 감소하고 있다. 게다가 기술변화가 매우 빠른 시대, 세계화로 경쟁이 증가하는 시대, 엄청난 변혁의 시대를 맞아 고용기관의 성공적인 존속기간은 앞으로도 계속 단축될 것이 분명하다. 따라서 점점 더 많은 사람들 특히 지식근로자들은 그들의 고용기관보다 더 오래 살 것이라는 예측을 할 수 있다. 그에 따라 인생의 남은 후반부를 위해 새로운 경력을 쌓고 새로운 기술을 익히며 정체성을 새롭게 확립하고 더 많은 새로운 관계를 개발해야 한다는 사실도 깨닫게 되었다."

– 피터 드러커 「프로페셔널의 조건」 p.12~13 –

30대는 20대보다 더 바쁘고 책임질 가족이 늘어난다. 그리고 30대보다 40대가 덜 바쁠 수 있지만 책임질 부양가족은 훨씬 더 늘어난다. 그리고 50대가 되면 시간이 엄청나게 늘 수 있지만 그때는 다시 공부하기에 여간 힘들지 않을 것이다. 물론 60세가 되어도 다시 공부할 수 있고 공부에 모든 것을 걸고 미칠 수 있다. 하지만 이왕 공부에 미칠 거라면 60대보다 50대가 낫다. 그리고 40대보다 30대가 낫고 30대보다 20대가 훨씬 낫다. 10대는 너무 어려 제대로 공부에 미칠 수 없다. 필자가 생각하는 최고의 공부 시기는 20대와 40대다. 30대는 이것저것 너무 많은 것을 해야 한다. 취업도 해야 하고 공부도 해야 하고 남들처럼 바쁜 직장생활도 경험해봐야 한다. 앞으로 자신이 무엇을 하더라도 직장생활을 해본 경험이 없는 것과 있는 것은 큰 차이가 있다. 군대생활도 마찬가지다. 2년 동안의 군대생활 대신 공부하는 사람이 있다. 물리적으로 보면 그것이 유익해보이지만 군대생활을 통해서만 배울 수 있는 값진 경험은 그 어떤 공부보다 낫다. 하지만 군대를 다녀와 20대 중반부터 후반까지 첫 직장에 취업하는 시기를 전후로 진짜 공부에 미치는 사람들은 긴 인생 여정 중에서 가장 치열하고 무섭게 공부에 미칠 수 있는 시기가 바로 20대라는 사실을 알아야 한다. 40대의 공부는 선택이 아닌 생존의 필수전략임을 전작에서 말한 바 있다. 인생을 살면서 혁명이 가장 필요한 시기가 바로 40대이기 때문이다. 그래서 40대 때 제대로 혁명하지 못 한다면 인생 후반기는 아무 것도 시도해보지 못하고 이리저리 세월에 떠밀려 살다가 삶의 저편으로 사라질 것이다.

50세에 은퇴한다고 가정할 때 아무것도 시도하지 못하면 40년 이상 허송세월할지도 모른다. 하지만 힘들더라도 40대 때 공부를 제대로 하면 변화와 혁신에 성공하고 보란 듯이 제2의 인생을 살아갈 수 있다. 40대의 공부는 솔개가 70~80년 긴 세월을 살아내기 위해 스스로 발톱을 뽑고 부리를 쪼아 없애고 낡은 깃털을 모두 뽑아내 여생을 사는 생존형 공부라면 20대의 공부는 자신을 명품으로 만들어 명품으로 살아가게 해주는 명품형 공부다.

20대에게 공부는 또 하나의 선물이다

40대의 공부가 생존과 인생혁명을 위한 공부라면 진짜 공부는 자신을 비범한 존재로 만들어 비범한 인생을 살아가는 인생의 도약을 위한 공부다. 전자는 절박하고 처절한 공부를 해야 한다. 하지만 골이 깊은 만큼 산도 높다. 고통이 큰 만큼 나중에 얻는 보상은 달다. 40대의 공부가 이런 성격의 공부라면 후자인 진짜 공부는 특별하고 남다른 공부다. 진짜 공부를 하면 크게 도약할 수 있고 위대한 인생을 살아갈 수 있기 때문에 위대함을 위한 공부라면 40대의 공부는 생존하고 성장하고 혁명하기 위한 공부다. 그래서 40대의 공부는 숙명이고 운명이라면 진짜 공부는 또 하나의 선물이며 행운이다. 진짜 공부를 하는 사람은 안 하는 사람보다 훨씬 더 높이 도약하며 마음껏 하늘을 날며 살아갈 수 있기 때문이다.

필자의 첫 저서 「공부의 기쁨이란 무엇인가」에 이런 구절이 있다. '삶은 배움이고 배움을 통해서만 창조적인 삶에 도달하며 창조적인 삶이야말로 세상에서 가장 큰 기쁨을 안겨준다.' 이 말처럼 세상에서 가장 큰 기쁨을 안겨주는 것은 뭔가 새롭게 창조해내는 창조적인 삶이라고 생각한다. 그런데 이런 창조적인 삶을 살기 위해 가장 필요한 것은 무엇일까? 바로 공부다. 그리고 이 책에는 다음과 같은 매우 귀중한 지혜의 가르침이 담겨 있다. "끝까지 공부할 수 있는 힘은 오직 즐기는 것뿐이다." 그래서 첫 번째 책의 제목이 「공부의 기쁨이란 무엇인가」이다. 공부와 기쁨을 함께 생각해야 한다는 것을 강조했던 것이다. 공부도 제대로 미치는 경지에 이르기까지 이마와 등에서 식은땀이 나야 한다. 하지만 제대로 미치는 경지가 되면 공부만큼 평생 할 수 있고 질리지 않는 것도 없다는 것을 알게 된다. 그래서 공자는 평생 동안 했던 것이다.

바둑에 '장고 끝에 악수 둔다'라는 격언이 있다. 좋은 수가 생각나지 않아 자꾸 밀리다보면 결국 패하게 된다. 인생도 마찬가지다. 자꾸 밀리다보면 결국 재기불능 상태가 된다. 그런데 진짜 공부는 처음부터 인생에서 밀리지 않도록 해주고 멋지고 비범한 인생을 살아가게 해주는 훌륭한 선물 그 자체다.

공부는 산을 만드는 것과 같다

"학문하는 것은 산을 만드는 것과 같다. 마지막 흙 한 삼태기를 안 부어 산을 못 이루더라도 중지하는 것은 내가 중지하는 것이며 평지에 흙 한 삼태기를 부어도 그 실행은 내가 하는 것이다." 이 얼마나 멋진 말인가? 공부한다는 것은 이와 같다. 산을 만드는 것이다. 산을 만드는 데 필요한 것은 우직함이다. 하루하루 쉬지 않고 공부하는 것이다. 조급하면 안 된다. 천천히 꾸준히 해야 하는 것이 공부다. 그리고 공부야말로 자신의 기질까지 변화시킬 수 있다. 그래서 공부하지 않던 사람이 진짜 공부를 하게 되면 성격과 인성이 바뀌는 것이다. 성격과 인성이 바뀌면 궁극적으로 그의 미래와 인생도 바뀐다. 이것이 바로 공부의 최대 효과이자 이득인 것이다.

공부가 매우 이로운 것은 그것을 통해 우리 자신의 성격과 기질을 변화시킬 수 있기 때문이다. 참된 공부 없이 절대로 우리의 삶을 밝힐 수 없다. 우리가 평생 공부해야 하는 이유다. 벼락치기 공부나 학교 공부, 시험공부는 가능하면 절대로 하지 마라. 제대로 인생을 살아가는 데 전혀 도움이 안 되기 때문이다. 하지만 졸업과 취업, 승진과 성공을 위해 반드시 필요하다고 주장하는 사람들도 있다. 필자도 그들 중 한 명이었지만 이제는 그런 공부를 안 해도 되는 성년이 되었다면 과감히 진짜 공부를 하는 것이 좋을 것이다. 진짜 공부는 배움이 바탕이 되어야 한다. 배움이 바탕이 되는 공부에는 시간이 반드시 필요하다. 그래서 우공이산의 교훈이 필요하다. 그러므로 매일 꾸준히 조금씩 해야 한다.

"아무리 작은 것도 만들지 않으면 얻을 수 없고 아무리 총명하더라도 배우지 않으면 깨닫지 못한다. 노력과 배움 없이는 인생을 밝힐 수 없다."

- 장자 -

장자의 이 말처럼 공부는 우리에게 많은 깨달음을 선시한다. 그리고 많은 에너지와 탁월함을 선사한다. 필자는 3년 동안 도서관에서 책을 통한 공부, 오로지 독학으로 남들보다 훨씬 더 나은 상태로 살아갈 수 있는 무기를 얻었다. 그 덕분에 비범한 삶을 누리고 좀 더 경제적, 시간적 자유를 누릴 수 있게 되었다. 더 좋은 점은 이런 경제적 자유가 아니다. 더 많은 통찰력과 혜안이 생겼다는 것이다. 물론 남들과의 비교가 아니라 과거의 나 자신과의 비교에서 말이다.

과거에 필자는 정말 평범한 사람 그 이하였다. 아무 생각도 없었고 그저 일만 열심히 했다. 하지만 이제는 일보다 사고를 더 열심히 하는 사람이 되었다. 아니 과거에는 스스로 생각할 줄 몰랐다. 하지만 이제는 3년 동안 공부하고 그 후 3년 동안 쓴 책 덕분에 스스로 생각할 줄 아는 사람으로 변하고 성장하게 되었다. 만약 필자가 잠시만 공부했다면 이것이 가능했을까? 천재라도 이런 변화와 성장은 불가능했을 것이다. 하지만 바보 쪽에 더 가까운 필자가 이런 큰 변화와 성장을 이룬 가장 큰 비결은 산을 옮긴 어리석은 노인처럼 매일 꾸준히 한 걸음씩 나아간 것이다. 이런 느린 공부는 이 책에서 필자가 주장하는 최고의 공부다. 느린 공부를 통해 필자의 뇌는 단련되었고 그 단련된 뇌는 생각을 바꾸었고 바뀐 생각은 궁극적으로 의식을 바꾸어 놓았다.

그 결과, 의식 있는 삶을 살기 위해 노력하는 사람이 될 수 있었다. 나 자신, 민족과 역사, 나아가 세계에 대해 조금이라도 올바르고 제대로 인식하게 된 것이 공부의 최대 혜택이라고 확신한다. 좋은 직장, 안정된 직장을 포기한 덕분에 세파에 휘둘리지 않고 느린 공부를 할 수 있었다. 그리고 그 느린 공부 덕분에 3년 동안 책만 볼 수 있었다. 그리고 그렇게 책만 보며 독학한 덕분에 필자는 세상을 보는 시각이 완전히 바뀌었다. 그렇게 되자 내가 알고 있던 모든 상식에 의문이 생기기 시작했고 그 의문은 또 다른 공부의 시작이 되어 필자의 공부는 매일 꼬리에 꼬리를 물게 되었다. 필자의 공부는 아직도 현재진행형이다. 그러므로 공부는 산을 만드는 것처럼 매일 우직하고 꾸준히 한 걸음씩 해나가야 한다.

삶에는 한계가 있지만 공부에는 절대로 한계가 없다. 산을 만들 듯이 공부해야 하는 이유다. 산을 만드는 데 절대적인 완성이 없듯이 공부에도 완성이 없다.

3장

진짜 공부는 참된 성공과 행복에

이르는 길이다

"분명한 목표를 위해 존재하려는 인간의 의지에
저항할 수 있는 것은 아무것도 없다."
– 벤자민 디즈레일리 –

"모든 것은 꿈에서 시작된다. 꿈 없이 가능한 일은 없다.
먼저 꿈을 가져라. 오랫동안 꿈을 꾸는
사람은 마침내 그 꿈을 닮아간다."
– 앙드레 말로 –

"자신 안에 어떤 능력이 숨어 있는지 직접
시도해보기 전에는 아무도 미리 알 수 없다."
– 어니스트 헤밍웨이 –

공부도 하지 않고 도전하는 것은 용감한 것이 아니다

　용기, 열정, 도전, 긍정, 희망, 자신감을 너무 좋아해선 안 된다. 열정은 결국 오래 못 간다. 너무 용기만 앞서면 과용이 된다. 긍정이 너무 지나치면 현실을 제대로 인식하지 못하게 된다. 반드시 희망은 필요하지만 게을러 준비도 공부도 하지 않으면서 성공할 것이라는 희망을 갖는 것은 어리석음의 극치다. 성공할 것이라는 자신감을 가진 사람은 그렇지 않은 사람보다 백 배 낫다. 하지만 철저하고 치밀하게 준비하고 공부한 후 그런 자신감을 가진 사람이 몇 만 배 낫다. 공부할수록 용기는 빛을 발하고 긍정과 희망은 제대로 열매를 얻고 도전은 성공한다. 사람들은 행복한 인생을 원하지만 행복하게 살기 위해 진짜 공부를 하는 사람은 그리 많지 않다. 이것이 바로 이 시대의 많은 사람들이 행복하게 살아가지 못 하는 진짜 이유다.

나이키를 세계 최고 신발제조업체로 만들어준 광고문구가 있다. 'Just do it'. 필자도 이 광고 메시지 덕분에 이 정도까지 성공하게 되었다. 바로 'Just do it'했기 때문이다. 이 문구는 결단력과 행동력이 없는 대부분에게 가장 중요한 메시지다. 하지만 진작 공부했더라면 'Just do it'하는 사람은 더욱 더 강력하고 유능하고 빈틈없고 성공적일 것이다. 필자도 한때 'Just do it'의 신봉자였다. 지금도 마찬가지다. 하지만 조금 더 경험해보고 생각해보면 단순히 'Just do it' 하는 것보다 공부를 통해 내공을 쌓고 'Just do it' 하는 것이 백 배 낫다고 생각한다. 물론 'Just do it' 하지도 않는 사람들보다 공부하지 않았지만 그래도 'Just do it' 하는 사람들이 열 배는 대단하다. 아무것도 행동하지 않으면 아무 것도 얻을 수 없기 때문이다. 다만 실패 확률의 문제일 뿐 'Just do it' 하는 것이 가장 중요하다.

공부를 통해 지혜를 갖춘 사람들이 더 성공적이고 행복한 이유는 무엇일까? 단순한 기술이나 지식을 가진 사람들보다 지혜를 갖춘 사람들은 개인적으로 사회적으로 올바른 판단과 선택을 내리는 능력을 더 갖추었기 때문이다. 20대인 당신이 앞으로 살아갈 인생은 한 마디로 혼란 그 자체다. 부침도 매우 심하다. 그런 인생에서 당신에게 정해진 해답이나 노선은 절대로 없다. 더 중요한 사실은 누군가 이미 갔던 노선은 당신에게 절대로 최고의 인생길이 될 수 없다는 것이다. 결론은 당신의 인생길은 스스로 개척하고 만들어나가야 한다는 것이다. 그것이 가장 성공적이고 행복할 확률이 가장 높기 때문이라고 생각한다. 그렇기 때문에 당신에게 필요한 것은 올바른 선택과 판단을 할 수 있고 새로운 것을 창조해낼 수 있는 수준 높은 의식과 유연하고 독창적인 사고력이다. 그런데 그것이 가능해지려면 반드시 공부를 통해 의식을 향상시키고 사고력을 높여야 한다. 그것이 지혜와 관련된 부분이며 진짜 공부와 관련된 부분이다.

진짜 공부는 참된 행복과 성공에 이르는 길이다

"생존 다음으로 중요한 문제는 '무엇을 했는가'다. 그것이 삶의 가치와 질을 결정한다. 당신이 어떻게 살아왔는지 묻는다면 그것은 당신이 살아오면서 어떤 일을 했는지 묻는 것이다. 내 대답은 두 글자, '학습(學習)'이다. 물론 나는 혁명에 참가했지만 그보다 일관되게 한 번도 쉬지 않고 했던 일은 '학습'이었다. 내 생활 구석구석에 녹

아 있는 인생의 줄거리는 바로 배움이다. 나는 배움을 멈
춘 적이 없었고 그 가치나 의의를 전혀 의심하지 않았다.
그리고 배움은 항상 나를 고무시키고 힘을 주었으며 존엄
과 신념, 즐거움과 만족을 주었다. 내게 배움은 가장 명랑
한 것이며 가장 홀가분하고 상쾌한 것이다. 또한 가장 즐
거운 것이며 가장 긴장한 것이다. 그리고 가장 티 없이 깨
끗하고 떳떳한 것이며 가장 진실한 것이다. 특히 아무 일
도 할 수 없는 역경에 처했을 때 배움은 내가 파도에 휩쓸
리지 않도록 매달릴 수 있는 유일한 구명부표였다. 배움
은 내가 의지할 수 있는 유일한 의탁처이자 암흑 속의 햇
불과 같았고 나의 양식이자 질병을 막아주는 백신과 같
았다. 배움이 있었기에 비관하거나 절망하지 않을 수 있
었고 미치거나 의기소침하거나 타락하지 않을 수 있었다.
배움을 지속함으로써 나는 하늘을 원망하며 눈물을 흘리
거나 무위도식하며 허송세월하지 않을 수 있었다. 내게
배움은 타인에 의해 절대로 박탈당하지 않는 유일한 권리
였다."

- 왕멍 「나는 학생이다」 p.35 -

중국 현대문학의 살아있는 전설 왕멍이 자신의 저서에서
한 말이다. 그의 말처럼 공부는 그 무엇보다 명랑하고 홀가
분하고 상쾌하고 즐겁고 만족스러운 것이다. 한 마디로 공부

만큼 행복하고 즐겁고 좋은 것은 없다는 말이다. 필자는 그의 말에 100% 동감한다. 특히 그는 배움은 절대로 타인에 의해 박탈당하지 않는 유일한 권리라는 주장도 한다. 하지만 공부는 그 이상이다. 행복뿐만 아니라 성공도 주기 때문이다. 공부를 통해 당신은 성공과 행복 두 가지 모두 이룰 수 있기 때문이다. 이런 사실을 잘 설명해주는 책이 바로 진 랜드럼의 「열정 능력자」다. 그는 성공한 사람들을 광범위하게 연구했다. 그 결과, 천재들과 성공한 사람들의 위대함과 탁월함은 타고난 것이 아님을 알아냈다. 머리가 좋아서도 학식이 높아서도 아니었다. 그들의 남다른 탁월함과 위대함은 결국 부단히 노력한 학습의 결과라는 것이다.

그는 위대한 위인들과 유명한 성공자들을 대상으로 위대함의 비결에 대해 장기간 광범위하게 연구, 분석했다. 그가 연구한 위대한 인물로는 세기의 천재 아인슈타인을 비롯해 마르크스, 다윈, 마오쩌둥, 프로이트, 나폴레옹, 히틀러, 테레사 수녀, 마틴 루터 킹, 에디슨, 마리 퀴리, 도스토예프스키, 빌 게이츠, 마이클 잭슨, 마이클 조던, 애거서 크리스티, 오프라 윈프리, 월트 디즈니, 마가렛 대처 등이 있었다. 그들은 모두 공통점이 있었다. 자신의 분야에서 세계 최고의 위치에 올랐거나 10년 이상 정상에 머물렀으며 눈에 띄는 방식으로 세상과 자신의 분야에서 거대한 혁신을 이룬 혁신가들과 성공한 사람들이라는 점이다.

진 랜드럼은 세습이나 결혼 같은 타의적인 것들로 권력이나 부를 얻은 인물들을 제외시키고 오직 자신의 능력과 노력으로 위업을 이룬 인물들을 집중 연구, 분석했다. 그가 내린 결론은 '위대함의 비결은 바로 자세, 태도이며 천재들은 타고난 것이 아니라 학습될 뿐이다.'라는 것이다. "성공은 타고난 것이 아니라 학습되는 것이다." 그렇다면 언제 공부를 시작하는 것이 좋을까? 결론은 분명하다. 빠를수록 좋다. 물론 너무 빨리 10대 때 시작하는 것은 안 된다는 사람도 있을 것이다. 하지만 타이거 우즈나 모차르트, 피카소는 태어나자마자 심지어 아기 때나 10대 이전에 시작했다는 사실을 알아야 한다. 이렇게 특별한 경우를 제외하면 최소한 20대 때 시작해야 한다. 20대 중반부터 사회인이 되고 학생 신분에서 벗어나는 그 순간부터 당신이 진짜 해야 할 공부가 시작된다는 사실을 명심해야 한다. 인생의 성공과 실패는 사실상 그때 갈린다.

프랑스 철학자 알랭은 자신의 저서 「행복론」에서 계속 배우는 과정에서 참된 행복을 얻는다고 다음과 같이 말했다.

"행복이란 환상 같은 것이라고 하는데 남으로부터 얻은 행복이라면 그렇다. 이런 행복은 처음부터 존재하지 않기 때문이다. 하지만 자신이 만드는 행복은 환상이 아니다. 그것은 배우는 과정에서 얻는다. 인간은 끝없이 배우며

살아간다. 지식이 늘수록 더 많이 배울 수 있다. 라틴어를
배울 때 얻는 즐거움이 대표적인 예다. 이 즐거움은 배울
수록 줄기는커녕 커져만 간다."

– 알랭「행복론」p.199 –

배우고 공부하는 과정에서 환상이 아닌 진짜 행복을 얻고
더 많이 공부하고 배울수록 즐거움도 커진다고 그는 말하고
있다. 필자는 그의 말에 100% 동감한다.

공부하지 않으면 인간답게 살 수 없다

율곡 이이는 '사람이 이 세상에 태어나 공부하지 않으면
사람다운 사람이 될 수 없다.'라고 말했다. 또한 '소위 공부
한다는 것은 특별하거나 별다른 것이 아니다.'라고도 말했
다. 결국 인간이라면 반드시 해야 하는 것이 공부이지 특별
한 사람만 하는 것이 아니라는 말이다. 특히 지금 우리가 살
아가는 이 시대에 더욱 더 필요한 것이 공부다. 현재는 100
세 시대를 넘어 120세 시대다. 현재 당신이 40대라면 아마
도 80세 이상 살 가능성이 상당히 높다. 현재 20대는 90세 이
상, 갓 태어난 아기들은 100세 이상 살 가능성이 매우 높다.

이런 사실에 대해 세계적인 미래학자 레이 커즈와일이 자신의 저서 「영원히 사는 법」에서 충분히 주장해놓았다. 이런 시대에 우리가 공부를 멈춘다면 그 순간부터 우리는 더 이상 성장하지 않고 동물적인 생명만 유지하게 될지도 모른다. 즉, 물리적 수명은 점점 늘어나는 시대에 살고 있다. 이런 시대에 공부하지 않는다는 깃은 한 마디로 자신과 남들을 위해 아무 일이나 기회도 만들어내지 못 하는 무능한 존재가 되는 것과 같다.

우리는 죽기 전까지 살아야 한다. 그것이 숙명이듯 우리는 죽기 전까지 공부해야 한다. 공부란 인간이 인간답게 사는데 반드시 필요한 것이기 때문이다. 공부하는 시간을 가져야만 성장한다. 지독하고 치열하게 공부하는 시간을 가져보라. 공부를 통해 성장하고 변화하는 자신을 만나게 되는 희열, 기쁨, 환희를 단 한 번도 경험하지 못한 사람은 인간 최고의 특권을 스스로 포기하는 어리석은 사람이다. 그런 어리석음은 자신을 인간답게 살지 못 하게 할지도 모른다. 인생을 살아가면서 흔들리는 순간도 오고 중요한 선택의 순간도 온다. 이때 꾸준히 공부한 사람은 자신을 단련시켜 놓은 덕분에 더 나은 선택을 할 수 있고 덜 흔들리는 것이다.

즉, 후회하는 인생을 살지 않게 되는 것이다. 또한 인생을 살다보면 자신이 너무 하찮게 여겨지거나 너무 외롭고 슬프고 힘들 때가 있기 마련이다. 그럴 때마다 공부를 통해 내면의 성장을 충분히 이룬 사람은 잘 대처해나갈 수 있지만 공부하지 않은 사람은 심한 슬럼프에 빠지고 스트레스를 받고 콤플렉스에 시달리고 무엇을 어떻게 해야 할지 심한 혼란을 겪게 된다.

인간은 죽을 때까지 성장하므로 공부가 숙명인 것이다. 공부를 통해 우리는 끊임없이 성장할 수 있다. 하찮은 존재이지만 공부하면 중요한 존재로 변화와 성장을 이룰 수 있게 된다. 인간은 사회적 동물이다. 자신이 속한 사회에서 인정받는다는 것은 매우 중요하다. 중요할 뿐만 아니라 인간이라면 반드시 가진 최고의 욕구는 쓸모 있는 사람으로 인정받고 싶은 욕구다. 이것을 가능하게 해주는 것이 공부다. 우리가 공부를 멈출 수 없는 가장 큰 이유일지도 모른다. 우리가 인간답게 산다는 것은 우리가 계속 더 성장할 것이라는 믿음 때문이기도 하다. 이런 믿음이 현재의 나 자신을 공부하도록 이끌고 그 공부는 나 자신이 더욱 더 인간답게 변화하도록 이끌어준다.

공부해야 더 멋진 인생을 살아갈 수 있다

공부를 해야 더 멋진 인생을 살아갈 수 있다. 정말 그럴

까? 공부하게 되면 무엇보다 생각의 폭이 넓어지고 깊어진
다. 넓고 깊게 세상과 자신과 인생을 바라볼 수 있게 된다.
그 결과 빅 씽크(Big Think)할 수 있게 된다. 빅 씽크 전략
이란 무엇인가? 살다보면 수많은 크고 작은 문제에 직면하
게 된다. 하다못해 하루에도 여러 번의 크고 작은 문제를 만
난다. 직장생활이나 사회생활에서 이런 상황은 수십 배 많아
진다. 이럴 때 학교에서 배운 학식이나 기술은 전혀 도움이
안 된다. 이때 가장 필요한 것은 평범한 사람들의 사고력을
뛰어넘는 탁월하고 비범한 사고력이다.

빅 씽크 전략은 단순히 생각을 크게 하라는 뜻이 아니다.
빅 씽크 전략은 트로이 목마처럼 남다른 탁월한 해결책을
만들어낼 수 있는 비범한 생각을 하는 것을 의미한다. 「빅
씽크 전략」의 저자 번트 H. 슈미트는 빅 씽크 전략이 현대를
살아가는 개인은 물론 기업에게도 반드시 필요하다고 말한
다. 누구나 아는 '트로이 목마' 이야기를 통해 그는 10년 동
안 정복하지 못 했던 트로이 성벽을 하룻밤 사이에 정복하
고 10년 동안의 긴 전쟁을 하룻밤 사이에 끝낸 것은 엄청난
병력이나 기술이 아니라 '빅 씽크' 덕분이라고 말한다.

그가 말하는 빅 씽크는 한 마디로 창조적으로 생각해 남
들이 도저히 생각하지 못 하는 것을 생각해내고 남들과 다
르게 행동하는 것을 의미한다.

"'큰 생각'은 '작은 생각'과 완전히 다르다. '큰 생각'은 비전을 추구하는 창조적인 사고방식이며 대담한 아이디어와 행동을 불러일으키는 리더십 스타일이다. '큰 생각'이 있는 회사는 지속적인 영향력이 있는 몇 가지 핵심 아이디어로 뭉쳐져 있다. '작은 생각'이 미리 시험해 겪어본 기지(旣知)의 것을 취급하는 반면, '큰 생각'은 창의적으로 도전하고 새로운 각도에서 추론해 혁신적인 아이디어와 행동을 창출하고 문제를 풀어낸다. '큰 생각'은 머릿속에서만 머물지 않는다. 반드시 행동이 뒤따른다. 즉, 개인과 팀을 관리하고 동시에 조직 변화를 이끌어간다는 뜻이다. '큰 생각'은 단지 새로운 뭔가를 만들어내는 것이 아니라 아예 다르게 행동하는 것을 의미한다."

– 번트 H. 슈미트 「빅 씽크 전략」 p.26 –

공부하지 않는 사람은 항상 어제와 똑같은 삶을 살아간다. 우리의 삶과 행동을 이끄는 사고가 어제와 같기 때문이다. 하지만 공부하는 사람은 끊임없이 자신의 사고를 다양한 사람들의 사상과 견해를 토대로 성찰하고 고찰해본다. 그 결과 사고의 폭이 넓어지고 다양해지고 유연해진다. 올바른 문제 해결을 위해서는 무엇보다 편협한 시각에서 벗어날 수 있어야 하고 멀리 내다볼 수 있어야 한다. 그래서 공부는 선택이 아닌 필수다. 특히 20대는 자신의 직업, 직장, 진출 분야, 인맥, 경력, 활동 범위, 지역, 인생에 대해 심각하게 고민할 시기다. 한 마디로 첫 단추를 잘 끼어야 한다.

공부해야 자신의 길을 발견할 수 있다

20대의 진짜 공부가 40대의 공부와 다른 점 중 하나는 자신의 인생길을 좀 더 일찍 더 정확히 발견하고 선택할 매우 유리한 시기의 공부라는 점이다. 40대의 공부는 이미 인생의 $\frac{1}{2}$ 이상을 살고 나머지 $\frac{1}{2}$ 또는 $\frac{1}{3}$의 인생길을 새로 발견하거나 새로운 인생을 살기 위한 공부라면 진짜 공부는 자신의 인생 초반부터 제대로 된 인생길을 발견하고 선택하기 위한 공부다. 필자는 10대와 20대 때 공부만 했다. 물론 진짜 공부가 아니라 학교 공부, 졸업 공부, 학점 공부, 취업 공부였다. 그 결과 학점은 남들보다 좋았다. 그리고 취업도 남들보다 잘했다. 하지만 가장 큰 문제는 내 자신에 대한 성찰을 할 수 있는 진짜 공부를 전혀 하지 않아 인생에서 가장 중요한 시기인 30대에 타인의 삶을 살았다는 것이다. 자신의 길을 발견하지 못한 사람들이 치르는 가장 큰 대가는 바로 이것이다.

자신의 인생길을 자신이 주인이 되어 살지 못 한다는 것이다. 남이 만들어 놓은 길을 가야만 하고 남이 만들어 놓은 기준에 도달해야 하고 남이 만들어 놓은 자리에 앉아야 한 다는 것이다. 자신의 인생길을 제대로 발견하는 것이 인생에 서 무엇보다 중요한 것은 남의 인생을 살아가고 남이 만들 어 놓은 기준을 달성하기 위해 노력하면서 남이 만들어 놓 은 인생의 가이드라인을 쫓아갈 때 절대로 행복해질 수도 없고 참된 성공을 할 수도 없기 때문이다. 진짜 행복은 자신 의 인생길을 제대로 발견하고 그 길을 가면서 자신의 인생 의 주인으로 살아가는 삶을 통해 발견할 수 있다. 부침이 심 한 인생에서 확실한 사실은 작은 선택들과 행동들이 모여 거대한 인생의 격과 질을 결정짓는다는 사실이다. 톰 피터스 의 표현을 빌리면 작은 결론의 합집합이 거대한 힘의 결정 체가 되기 때문이다.

당신의 인생을 결정하는 것은 작은 선택들과 행동들이다. 오늘 하루 당신의 작은 생각 조각들이 모여 당신 인생의 격 과 질을 결정한다. 마찬가지로 오늘 당신이 한 작은 공부 의 조각들이 모여 당신의 길을 발견하고 개척해나갈 수 있 는 것이다. 큰 물통에 물방울이 한 방울씩 떨어져도 언젠가 는 저절로 흘러넘치는 임계점이 반드시 존재한다. 멈추지만 않는다면 말이다. 진짜 공부는 당장 눈앞에 큰 성과가 나타 나지 않는다. 하지만 임계점에 도달하는 순간 의식과 사고 가 급속도로 도약한다. 마치 대나무가 5년 동안 어둡고 축축

한 땅 속에서 긴 시간을 보내다가 5년 후 마침내 땅 밖으로 나오면 거침없이 급성장하는 것과 같다. 그런 대나무의 5년 동안의 인내의 기간이 바로 진짜 공부와 비슷하다고 생각한다.

공부를 통해 위대함을 갈망하는 삶을 살 수 있다

21세기는 변혁의 시대다. 하지만 필자는 여기에 새로운 패러다임을 추가하고 싶다. 아니, 새로 만들고 싶다. 21세기는 '엑설런트의 시대'라고 말이다. 그렇다. 20세기가 '평범함의 시대'라면 21세기는 '엑설런트의 시대'다. 20세기는 근면, 성실한 다수가 시대의 주역이었기 때문이다. 하지만 지금은 근면, 성실한 다수가 아닌 비범하고 뛰어난 사람, 즉 엑설런트한 사람들이 시대의 주역이기 때문이다. 이 시대의 대표적인 엑설런트가 바로 앨빈 토플러, 피터 드러커, 스티브 잡스, 빌 게이츠, 워런 버핏, 버락 오바마, 반기문 총장 등이라고 할 수 있다. 이들의 공통점은 모두 자신을 뛰어넘었고 평범한 존재가 아니라는 것이다. 부와 성공을 쫓는 시대가 이 시대라고 할 수 있다. 특히 한국사회는 물질만능 사회다. 청빈을 소중히 여겼던 조선시대의 선비정신은 사라지고 부와 출세가 인생의 성공 기준이 되어버렸다.

인사하거나 상대방의 형편을 살필 때 가장 궁금해하는 것이 연봉이다. 하지만 부와 성공을 쫓는 인생은 설령 그 부와 성공을 얻더라도 그리 위대한 인생은 아니다. 부와 성공과 위대함은 전혀 별개이기 때문이다. 스티브 잡스, 버락 오바마, 빌 게이츠, 워런 버핏, 앨빈 토플러, 피터 드러커가 부와 명예와 성공을 얻을 수 있었던 것은 그것을 쫓았기 때문이 아니다. 그들은 위대함과 탁월함, 즉 엑설런트의 신봉자였기 때문이다. 자신이 위대해지고 탁월해지고 비범해질수록 부와 성공은 저절로 생기는 것이다. 당신을 보석으로 만드는 것은 부와 성공이 아니다. 당신이 비범한 존재가 되면 부와 성공은 저절로 따라온다. 그러므로 자신을 비범한 존재로 만들어가는 데 역량을 집중해야 한다. 위대한 존재, 탁월한 존재가 되려면 무엇보다 위대함을 갈망해야 한다. 하지만 남들처럼 열심히 살아가는 사람들은 절대로 될 수 없다. 위대함을 인식할 수 있어야 그것을 갈망하게 된다. 그렇다면 무엇을 해야 위대함을 인식할 수 있을까? 자신의 의식과 사고가 바뀌어야 한다. 어제와 같은 의식과 사고, 지금까지 살아왔던 고정관념의 틀 속에서는 위대함을 인식할 수 없다. 하지만 진짜 공부를 통해 의식과 사고가 바뀌면 비로소 위대함을 인식하게 되고 그 결과 위대함을 갈망하게 된다. 그러면 위대함에 이르는 것은 시간문제다. 중간에 포기하지만 않는다면 말이다. 가장 힘들고 어려운 것은 위대함에 대한 인식과 그것에 대한 갈망이다. 그렇기 때문에 진짜 공부를 통해 위대함을 인식할 수 있는 의식과 사고를 갖게 되면 이미 절반 이상 위대해진 것과 같다. 필자는 이것을 느꼈다.

필자는 이 세상이 필요로 하는 성공의 기준이나 화려한 스펙이나 학벌은 전혀 없었다. 지금도 없다. 하지만 공부를 통해 의식과 사고가 바뀌자 이 세상의 화려한 학벌이나 배경이 없어도 세상에 나가 당당히 전진할 수 있는 내공이 쌓였다는 사실을 조금씩 인식할 수 있었다. 그것이 공부의 힘이라고 생각한다. 만약 필자가 전혀 공부를 하지 않았다면 지금도 여전히 백수였을 것이다. 하지만 지금은 위대함을 추구하고 있고 엑설런트의 신봉자가 되었다. 매우 조금씩 비범해지고 있는 것이다.

공부를 통해 인생 최고의 목표를 발견하자

당신의 인생 최고의 목표는 무엇인가? 평생을 투자해 당신이 꼭 해내고 싶은 인생 최고의 목표가 있는가? 없다면 공부해야 한다. 공부를 통해 자신과 세상을 제대로 발견하고 인식할 때 인생 최고의 올바른 목표를 발견할 수 있기 때문이다. 있더라도 공부해야 한다. 지금 가진 인생 최고의 목표가 정말 제대로 된 목표인지 잘못된 목표인지 다시 검토해야 한다. 특히 아직 사회인으로 직장인으로 살아본 시간이 적은 이 시기에 공부를 통해 다시 한 번 목표를 점검해보는 것은 수많은 시행착오와 시간낭비를 미리 막아준다. 인생 최고의 목표가 있는 사람과 없는 사람은 분명히 다를 것이다. 눈빛부터 다르고 작은 행동 하나하나가 다를 것이며 자세까지도 다를 것이다. 하지만 인생 최고의 목표는 결국 현재가 아닌 미래에 이루어져야 하는 것이다. 그런 점에서 미래를 내다보면서 만들어야 하고 발견해야 한다는 점을 간과해선 안 될 것이다. 특히 자신의 현재의 능력이나 상황을 토대로 만들면 안 된다. 미래에 자신이 어느 정도 성장할 수 있을 것이라는 추측, 확신, 예상으로 만들어야 한다는 것이다. 그렇기 때문에 인생 최고의 목표를 발견하는 데는 반드시 미래를 내다보는 통찰력과 자신의 가능성과 잠재력을 정확히 꿰뚫어볼 수 있는 혜안이 필요하다. 이런 통찰력과 혜안은 결국 진짜 공부를 통해 만들어진다.

2006년 9월 내한한 세계적인 경영 전문가 톰 피터스는 멋진 말을 한 적이 있다. "이제 벤치마킹의 시대는 끝났다. '퓨처마킹'의 시대가 왔다!" 그가 한국사회에 내던진 이 말은 매우 의미심장하다. 이전까지는 앞선 누군가를 열심히 모방하며 패스트 팔로워(fast follower)만 되면 생존하는 벤치마킹의 시대였다. 하지만 이제는 그렇게 해선 생존할 수 없다. 1등이 모든 것을 독식해버리는 '승자독식 사회'가 되었기 때문이다. 그렇기 때문에 더욱 더 필요한 것은 인생 최고의 목표를 제대로 일찍 설정한 후 그 목표를 향해 매일 흔들림 없이 전진해나가는 것이다.

'최고를 베끼면 된다.' '남들처럼 하면 된다.' '남들 흉내를 내면 된다.' '따라하면 최고는 못 되지만 먹고 살 수는 있다.'라는 과거의 시대적 발상을 버리고 이제는 '최고가 되어야 한다.' '남다른 뭔가가 되어야 한다.' '남들과 달라야 한다.' '나 스스로 최고를 만들어나가야 한다.'라는 도전적인 생각으로 미래를 향해 나아가는 진취적인 생각이 있어야 한다. 이런 생각을 갖기 위해 필요한 것은 무조건 열심히 일하는 것이 아니라 진짜 공부를 하는 것이다. 삶을 재정비하고 평생 모든 것을 투자해 이루려는 인생 최고의 목표를 발견하는 것이 20대의 가장 중요한 일이다.

치열하게 30~40대를 살아왔던 많은 사람들의 가장 큰 고민은 지금까지와 다른 삶을 살고 싶다는 것이다. 그리고 그 이유는 제대로 성공하지도 못 했을 뿐만 아니라 더 중요한 이유는 평생을 통해 이루려는 인생 최고의 목표도 없이 단지 하루하루 열심히만 살아왔기 때문이다. 20대 때 인생 최고의 목표를 발견한 사람은 30~40대를 치열하게 보낸 후 성공과 실패라는 결과를 초월하고 흔들리지 않고 후회하지 않을 수 있다.

고대 유대인 속담에 이런 말이 있다. "자신이 어디로 가려는지 알지 못하면 세상은 당신을 아무 데나 데려다 놓을 것이다." 당신에게 인생 최고의 목표가 있어야 하는 이유 중 하나가 바로 이것이다. 세상이 당신의 인생을 이끌지 못 하도록 해야 한다. 그러려면 당신이 목표를 정하고 중심을 잡아야 한다. 이리저리 세파에 휘둘리지 않기 위해 당신에게 필요한 것은 평생 추구해야 할 인생 최고의 목표인 것이다.

공부를 통해 진정한 브랜드 유를 만들 수 있다

'이코노미스트(Economist)'가 전문가 중의 전문가라고 극찬한 톰 피터스는 자신의 저서에서 우리는 모두 하나의 브랜드여야 한다고 주장한 바 있다. 지금 당신이 살고 있는 이 시대는 새로운 경제, 새로운 현실, 새로운 이야기가 펼쳐지는 새로운 세상이기 때문이라는 것이다.

"우리는 아직도 거대기업의 지배 아래 명령에만 복종해야
했던 과거의 직장노예 상태를 그리워한다. 우리는 안정된
직장이라는 환상에 젖어 새로운 시대에는 개인의 재창조

가 필요하다는 사실을 깨닫지 못하고 있다. 이제 우리는 새로운 개념의 직장과 정체성을 받아들여야 한다. 크고 작은 여러 기업을 종횡무진하면서 일련의 와우 프로젝트를 수행하는 새로운 나를 발견해야 한다. 다소 두렵고 호기심도 생긴다. 아무래도 좋다. 이것이 브랜드 유 세상의 삶이다."

– 톰 피터스 「인재」 p.14 –

그의 말대로 당신은 이제 새로운 개념의 직장과 정체성을 받아들여야 한다. 그리고 이제 당신은 자신을 하나의 브랜드로 만들어야 한다. 브랜드 유가 되려면 노동력, 성실, 근면이 필요한 것이 아니다. 독특한 재능이 필요하다. 당신은 남들이 못 가진 독특한 재능이 있는가? 당신에게 독특한 재능이 있다면 이 세상은 당신을 활용하기 위해 줄서서 기다릴 것이다. 하지만 없다면 이 세상은 절대로 당신을 부르지도 찾지도 주목하지도 않을 것이다. 당신 자신이 유일무이함을 증명해야 한다. 그것이 냉혹한 세상의 법칙이다. 그래야 당신만의 브랜드 유가 될 수 있기 때문이다. 그렇다면 당신만의 어떤 유일무이함을 갖고 있는가? 없다면 만들어야 한다. 절대로 하루아침에 만들 수 있는 것은 아니다. 사람에 따라 5년, 10년, 50년, 심지어 평생이 걸리기도 한다.

조선시대 최고의 독서가였던 백곡 김득신 선생은 타고난

둔재였다. 배운 것을 도무지 이해하지도 못 하고 기억하지도 못 했다. 얼마나 둔재였으면 주위사람들이 글공부를 그만두라고 했을까? 주위사람들이 아무리 가르쳐주어도 '쇠귀에 경 읽기'였다. 실제로 다른 사람들은 20세에 과거에 급제해 이름을 날렸지만 백곡 선생은 이때서야 겨우 글을 짓는 정도가 되었다. 하지만 백곡 선생은 포기하지 않고 공부하고 또 공부했다. 결국 60세가 다 된 59세에 과거에 급제할 수 있었다. 그리고 그때부터 자신의 유일무이함을 갖출 수 있었고 자신의 브랜드를 만들어냈다. 그리고 당대를 대표하는 시인의 반열에 올랐다. 한 마디로 공부의 위력이다.

톰 피터스의 표현을 빌리면 브랜드 유의 세상에 존재하는 법칙은 이것이다. '튀지 않으면 죽음이다.' 당신은 무엇으로 튈 것인가? 외모, 개성, 인기는 오랫동안 당신으로 하여금 튀도록 할 수 없다. 스스로 유일무이함을 갖추어야 한다. 가장 오래가는 유일무이함은 공부를 통해 내공을 키우는 것이다.

공부해야 가치 있는 인생을 만들어나갈 수 있다

필자가 존경하는 조선시대 선비 중 한 명은 다산 정약용 선생이다. 그 분을 존경하는 이유는 그가 부와 성공을 위한 공부를 초월해 참된 공부를 한 공부의 대가이기 때문이다. 특히 18년 동안 제주, 강진 유배지에서 복사뼈가 세 번이나 구멍 날(과골삼천(踝骨三穿)) 정도로 지독하게 공부했다. 그 결과 철학, 문학, 정치, 경제, 법률, 지리, 역사, 의학, 기계, 설계 등 다양한 분야에서 500여 권의 방대한 저서를 조선 학계에 남겼다. 부와 성공, 출세를 위한 공부를 했다면 다산 선생은 그토록 지독하게 공부하지 않았을 것이다. 하지만 그는 세상으로부터 버림받은 그때부터 더 지독하게 공부했다는 점에서 필자는 고개가 절로 숙여진다.

다산 선생은 항상 공부에 대해 '출세를 위한 수단으로 공부해선 안 된다'는 사실을 강조했다. 필자의 첫 책「공부의 기쁨이란 무엇인가」에서 소개했던 그의 말 중 하나가 바로 이것이다. "공부를 단지 출세의 수단으로만 여기면 공부도 잃고 나도 잃는다." 조선시대 선비들 중에서 공부로 출세한 선비들도 많고 정치인으로 나라를 바르게 이끈 선비들도 적지 않다. 하지만 단지 자신의 안위만 생각해 부와 성공을 위해 평생 노력해 결과적으로 부자가 되고 자신의 가문을 잘 보전하고 어느 정도 권력도 얻어 평생 귀한 신분으로 살았던 선비들은 한두 명이 아닐 것이다. 하지만 아무리 부자가 되고 성공하고 출세해 귀해져도 가치 있는 삶이라고 말하기에는 다소 부족한 점이 있을 것이다. 쉽게 말해 다산 선생은 세상의 부와 성공 기준으로 보면 실패한 사람이고 낙오자이고 죄인이다. 하지만 그 누구보다 가치 있는 삶을 살았던 인물이다. 다산 선생은 공부를 통해 자신의 삶을 가치 있게 만들었다. 당신은 무엇을 통해 당신의 인생을 가치 있게 만들 것인가?

공부하는 청춘이 멋진 청춘을 보낼 수 있다

필자도 20대 청춘을 불꽃처럼 보냈을까? 과연 불꽃처럼 20대 청춘을 멋지게 보낸다는 것은 어떤 것일까? 필자가 대학을 다닐 때 20대 초반의 젊은이들은 정확히 두 종류로 나뉜다. 공부에 목매고 학점 관리하는 친구와 날마다 여자친구와 데이트하며 술 마시고 뜨겁게 젊음을 보낸 친구다. 이 두 부류의 친구는 졸업 시즌이 다가오면 희비가 교차된다. 열심히 공부한 친구들은 멋진 양복을 빼입고 여기저기 다니며 자신이 입사한 멋진 직장 이야기를 하며 명함까지 만들어 사회인 티를 낸다. 이렇게 멋진 시기를 보내는 친구들을 멀리서 가슴을 치며 후회하며 바라보는 친구들이 있다. 바로 날마다 술 마시며 친구와 어울려 다니며 뜨겁게 20대 초반을 보낸 친구들이다.

필자가 보기에 멋진 청춘은 전자다. 자신이 세운 목표를 향해 열심히 노력하고 땀흘려 소기의 목표를 달성한다는 것은 멋진 일이기 때문이다. 최소한 아무 목표도 없이 하루하루 보낸 친구들보다 수백 배 멋지다고 생각한다. 하지만 이것은 좋은 직장에 취업할 수 있는가 없는가라는 결과에 국한되는 이야기다. 좋은 직장에 취업한다고 해서 30~50년 동안 그 직장에 다니는 것을 의미하진 않기 때문이다. 실제로 필자와 함께 삼성전자에 입사한 동기 중 50% 이상이 1~3년 안에 회사를 나간다. 그만큼 사내 경쟁은 더 치열하고 냉혹하기 때문이다.

대학시절 4년의 공부 결과에 따라 잠깐 희비가 교차되는 일이 생기지만 이것은 긴 인생을 두고 볼 때 하나의 짧은 리허설에 불과하다. 다시 말해 진짜 본 게임은 대학 졸업 후부터 시작된다. 20대 중반부터 학생 신분에서 벗어나 평생 자유인, 사회인, 직장인의 신분일 때 과연 무엇을 준비하며 무슨 공부를 하는가에 따라 10년 후, 20년 후, 30년 후가 결정된다. 그렇다면 첫 사회생활의 시작점인 그 시기의 정말 멋진 청춘, 즉 20대 중반과 후반의 멋진 청춘은 과연 어떤 청춘일까? 한 마디로 긴 인생을 준비하는 진짜 공부를 치열하게 즐기며 신나게 하는 청춘이라고 생각한다.

당신의 가장 뜨거운 시기가 될 수 있는 20대에 진짜 공부에 미친다면 당신의 인생은 남들보다 몇 발짝 앞설 것이다. 멋진 청춘은 청춘의 시기를 눈부시게 보내는 청춘을 말하는 것이 아니다. 긴 인생을 멋지게 보낼 수 있도록 치열하게 준비하는 청춘이 멋진 청춘이라고 말해야 한다는 것이다. 그 이유는 분명하다. 청춘을 멋지고 눈부시고 화려하게 보낸 사람들은 대부분 20대 때 아무 준비도 못 한다. 화려한 간판과 학벌도 그 유효기간은 불과 30~40대까지다. 하버드대 청춘들은 당신이 상상도 못 할 정도로 엄청나게 공부하는 청춘들이다. 바로 그 엄청난 공부 덕분에 눈부신 미래를 보장받는 것이지 화려한 학벌 때문에 보장받는 것이 아니다. 다시 한 번 말하고 싶다. '이 세상에 공짜 점심은 없다.' 한 번이라도 얻어먹었다면 반드시 갚아야 한다. 그것이 세상 이치다. 그리고 그것보다 더 무서운 사실은 당신이 이 세상에 뭔가를 제공할 수 있는 가치 있는 사람이 되어야 이 세상이 당신을 불러준다는 것이다.

참된 가치는 스스로 공부를 통해 만들어야 한다. 화려한 학벌, 눈부신 배경, 엄청난 돈도 당신의 가치를 높여준다. 하지만 돈은 항상 소유물에 불과하고 학벌이나 배경은 결국 퇴색되기 마련이다. 그래서 가장 중요한 당신만의 가치를 만드는 것이 가장 멋진 일이라고 할 수 있다.

4장

공부는 참된 삶,

위대한 삶을 위해 하는 것이다

"이 세상의 그 어떤 위대한 것도 위대한 인간 없이 이루어질 수 없고
인간은 스스로 위대해지기로 결심할 때만 위대해진다."
— 샤를 드 골 —

"나는 의식적인 노력으로 자신의 삶을 높이려는
인간의 확실한 능력보다 더 고무적인 사실을 알지 못한다."
— 헨리 데이비드 소로 —

"백 년도 못 되는 인생에 공부하지 않는다면
이 세상에 살다간 보람을 어디서 찾겠는가?"
— 다산 정약용 —

진짜 공부로 참된 삶을 살 수 있다

　이 세상을 바꾸고 자신의 삶을 위대한 삶으로 이끌어내는 사람들은 한 가지 공통점이 있다. 바로 진짜 공부에 미친 사람들이라는 것이다. 출세하기 위한 삶은 단순한 삶이다. 성공하기 위한 삶도 단순한 삶이다. 하지만 뭔가 위대한 목표를 정하고 위대한 일을 해내기 위한 삶은 위대하고 참된 삶이다. 이제 제대로 인생을 살아보기 위해 출발선에 선 20대인 당신은 과연 어떤 삶에 초점을 맞추며 미래를 내다보고 있는가?

　위대한 미래학자 앨빈 토플러는 한국사회에 다음과 같은 충격적인 말을 던졌다. "한국 학생들은 하루 15시간 동안 학교와 학원에서 미래에 불필요한 지식과 존재하지도 않을 직업을 찾아 시간낭비하고 있다.”앨빈 토플러의 이 말은 전혀 과장된 말이 아니다. 한국인의 자살률이 세계적으로 매우 높은 수준이라는 것을 당신도 잘 알 것이다. 그 이유 중 하나가 생활고다. 하지만 생활고보다 더 큰 이유는 자신의 정체성에 대한 인식결핍, 즉 참된 삶을 살아가지 못 했기 때문이다. 참된 삶이란 자신이 누구인지, 왜 살고 무엇을 위해 살아가야 하는지 아는 삶이다. 이것들을 제대로 알고 인식하려면 학교 공부가 아닌 진짜 공부가 필요하다. 이것을 조금 이해할 수 있는 사회현상이 지금까지 한국사회에서 찬 밥 신세였던 인문학 열풍이다.

　과거에는 부자가 되고 성공하려면 해당 분야에 필요한 전문지식과 기술만 있으면 되는 줄 알았다. 하지만 각계각층에서 두각을 나타내는 비범한 인재들은 신기하게도 모두 인문학적 소양을 갖추었다는 사실이 수많은 학자들과 작가들을 통해 조금씩 밝혀진 것이다. 가장 대표적인 인물이 스티브 잡스다. 그는 어떻게 인류에게 스마트폰 시대를 열어준 위대한 혁신가로 평가받게 되었을까? 아이폰이라는 세기의 혁신 스마트폰을 그가 만들어 출시하기 이미 오래 전부터 노키아, 삼성 등 세계적인 휴대폰 제조업체들이 만들어 출시했다. 그런데 그들의 스마트폰은 고성능, 고기능이었지만 인간의 감성을 터치해주고 인간의 마음을 사로잡고 열광시키는 인간다운 면은 전혀 없었다. 한 마디로 스티브 잡스 이전의 스마트폰들은 기계적인 면에서 최고의 제품들이었고 인간을 위하거나 인간이 사용하기에 최적의 제품도 아니었다. 하지만 스티브 잡스는 인간에 의해 사용되기에 최적의 제품, 감성의 제품, 인간을 위한 제품을 최초로 만들었다. 그 결과, 인류에게 스마트폰 시대를 열어준 주인공이 될 수 있었다. 그 비결에 대해 많은 사람들이 연구, 분석한 결과, 그에게는 다른 경영자나 연구원들과 확연히 다른 점이 있었다. 놀랍게도 그는 인문학적 소양이 매우 풍부했던 것이다. 다시 말해 그는 인문학을 매우 열심히 공부했던 것이다. 첨단제품 개발, 회사 경영과는 전혀 상관없어 보이는 인문학적 통찰력과 사고력이 실제로는 엄청난 관계가 있음이 밝혀진 것이다.

'소크라테스와 함께 점심식사를 할 수 있다면 애플이 가진 모든 기술을 내놓겠다'라는 그의 말은 이제 명언이 되었다. 그런데 세계적인 인물로서 인문학 공부에 깊이 빠진 의외의 인물이 바로 그와 쌍벽을 이룬 빌 게이츠라는 사실을 아는가? '인문학이 없었다면 나도 없고 컴퓨터도 없었을 것이다.'라고 그는 말했다. 다시 말해 전혀 상관없어 보이는 첨단 휴대폰과 컴퓨터를 이 세상에서 가장 잘 만드는 두 사람은 누구보다 인문학 공부를 열심히 했다.

진짜 공부로 진짜 거인의 삶을 발견할 수 있다

빌 게이츠와 스티브 잡스 같은 거인들을 만든 것은 한 마디로 '진짜 공부'였다. "오늘날의 나를 만든 것은 우리 동네의 작은 도서관이었다. 매일 1시간 이상 주말 3~4시간의 독서가 내 안목을 넓혀주었다." 필자는 독서를 통해 자신을 성찰하고 세상에 대한 안목을 키우고 미래를 예측하고 창조해 나갈 수 있는 통찰력과 사고력을 키우는 것이 최고의 공부라고 생각한다. 오늘날 시중 서점에는 부자가 되는 법이나 재테크 노하우에 대한 책들이 범람한다. 필자도 부자가 되는 법에 대한 책을 쓴 적이 있다. 하지만 이것은 테크닉에 대한 책이 아니다. 인간의 사고방식의 전환에 초점을 맞춘 책이므로 철학서와 비슷하다고 할 수 있다.

책 자체는 어떤 책이든 나름대로 가치와 효용성이 있다. 재테크 책도 상대적으로 재테크 정보와 기술, 경험이 부족한 사람들에게는 매우 유익하다. 문제는 그런 책들만 읽는 독자들이다. 다른 인문학 서적 10권을 읽으면서 이런 내용의 한두 권을 읽는 독자들은 매우 이상적이라고 할 수 있다. 그런데 1년 동안 읽은 책이 겨우 부동산이나 주식투자 관련 한두 권이라면 진정으로 독서하는 사람이라고 할 수 없다. 주식투자 학원이나 재테크 학원에 가도 비슷한 유용성을 얻을 수 있기 때문이다. 그리고 더 중요한 사실은 이런 제한적인 독서를 통해서는 결코 진짜 거인의 삶을 발견할 수 없다는 것이다.

책 속에 길이 있고 공부를 통해 거인으로 도약할 수 있다. 그리고 그 책은 바로 다양한 분야의 다양한 책들을 의미한다. 인문학 서적은 당연히 포함될 것이다. 그리고 여기에 경제흐름과 원리, 자본주의의 생태를 이해할 수 있는 경제, 경영서적도 읽어야 하고 인간과 사회에 대한 깊은 통찰력을 얻기 위해 정치, 사회 분야 서적도 읽어야 한다. 이런 다양한 독서로 거인의 삶을 발견할 수 있고 살아갈 수 있다. 거인의 삶을 발견하려면 높이 올라가야 한다. 즉 시야가 넓어야 한다. 하지만 그곳은 눈에 보이는 그런 높은 곳이 아니다. 의식과 사고의 가장 높은 곳이다. 의식과 사고의 정상에 오르려면 독서와 공부를 많이 해야 한다.

'수장선고(水長船高)'라는 말이 있다. 물이 많아지고 파도가 거칠어지고 위험해져야만 배가 높이 뜰 수 있다는 말이다. 이 당연한 이치가 공부와 인생에도 그대로 적용된다. 진짜 공부를 많이 할수록 거인의 삶을 발견할, 높은 곳에 오르게 되는 것이다. 힘들고 어렵고 고되지만 공부를 많이 할수록 거인의 삶을 발견하고 살아갈 수 있다는 사실은 '수장선고'가 의미하는 이치와 일맥상통한다고 생각한다.

진짜 공부로 자신을 최고로 바꾸어 놓을 수 있다

    20대를 사는 당신은 무엇보다 세상이 만들어놓은 기준과 틀 속에서 세상이 만들어놓은 스펙과 목표를 쫓으며 살아가는 껍데기 같은 삶, 알맹이 없는 삶을 살면 안 된다. 당신에게는 이미 엄청난 능력이 내면에 있다. 모든 인간은 엄청난 능력이 있지만 그것을 개발은커녕 발견조차 못 해 너도나도 세상이 만들어놓은 기준, 목표, 한계, 틀 속에서만 살아가려고 하는 것이다. 바로 이것을 넘어서기 위해 당신에게 필요한 것은 도전정신과 담대함과 확고한 주체성을 가진 의식과 수많은 문제를 해결해나갈 수 있는 뛰어난 사고력과 해결능력이다. 하지만 이것들이 대부분의 사람들에게 공짜로 주어지지 않는다는 사실도 기억해야 한다. 때로는 남들과 다른 삶을 살아야 하는 위험에 노출되어야 하고 세상의 기준에 상처받고 비난받는 처지에 놓이기도 한다. 하지만 그것은 진짜 공부를 통해 자신을 최고의 존재로 만들기 위한 하나의 수업료로 생각해야 한다. 한 가지를 얻으려면 다른 한 가지를 포기해야 한다. 이것이 기본 원칙이다.

    인도에서는 원숭이를 잡을 때 재미있는 방법을 사용한다고 한다. 목이 가느다란 두꺼운 유리병과 땅콩만 있으면 원숭이를 쉽게 잡을 수 있다. 땅콩 한 움큼을 넣은 유리병을 큰 나무에 단단히 묶어놓고 다음 날 와보면 신기하게도 원숭이가 그 유리병 안에 손을 넣은 채 도망치지 않고 잡힌다는 것이다. 원숭이가 한 번 땅콩을 움켜쥔 손을 절대로 펴지 않기 때문에 그의 큰 주먹이 유리병에서 절대로 빠지지 않기 때문이다. 인간도 이와 다르지 않다. 특히 20대 청년들은 눈앞에 보이는 젊음을 불태우기 위해 너무나 하고 싶은 것이 많아 이것저것 하면서 분주하게 황금 같은, 눈부신 젊은 20대를 누구보다 바쁘게 보낸다. 하지만 결과적으로 이렇게 분주히 보낸 눈부신 젊음이 당신을 위대한 삶으로 최고의 존재로 절대로 만들어주지 않는다는 것을 알아야 한다. 무조건 혼신을 다하고 정성을 기울인다고 해서 위대한 삶을 살아갈 수 있는 것이 아니다. 한계가 있기 때문이다. 그 한계를 뛰어넘을 수 있는 방법은 치열한 공부뿐이다.

20대인 당신이 자신을 최고의 존재, 명품으로 만들고 싶다면 끊임없이 공부해야 한다. 공부를 통해 지금까지 보지 못 했던 더 큰 세상을 볼 수 있는 의식을 갖게 될 때 당신은 더 큰 세상을 살아갈 거인이 되는 것이다. 30~40대의 공부가 생존을 위한 처절한 공부라면 20대의 공부는 생존과 성공을 넘어 자신을 위대한 존재로 도약시키는 위대함을 위한 공부다.

진짜 공부로 21세기의 문맹자에서 벗어나라

필자가 가장 존경하는 미래학자 앨빈 토플러는 매우 멋진 말을 했다. 나는 이 말을 듣고 엄청난 감동과 교훈을 얻었다. "21세기의 문맹자는 글을 읽을 줄 모르는 사람이 아니라 학습하고 교정하고 재학습하는 능력이 없는 사람이다." 20세기까지만 해도 문맹자는 글을 못 읽는 사람이었다. 사실이었다. 그때는 글을 읽는 것이 큰 특권이자 무기였다. 조선시대 선비들이 5백년을 이끌고 갈 수 있었던 한 가지 이유는 글을 읽을 줄 알았기 때문이다. 반대로 평민과 노비들이 선비를 뛰어넘지 못한 것은 공부할 수 없었기 때문이다. 공부의 가장 큰 수단은 글이다. 글을 읽고 쓸 줄 알아야 많은 공부를 할 수 있다. 인류의 지식, 지혜, 사상, 철학이 모두 글로 기록되어 내려오기 때문이다. 그런데 글을 모른다면 아무리 똑똑한 지능으로 태어나더라도 성장, 발전하는 데 한계가 있다. 반대로 아무리 둔재더라도 위대한 현자들의 지혜, 지식, 사상, 철학이 담긴 책들을 읽고 또 읽으면 결국 깨치게 되고 변화가 일어나는 것이다. 그래서 과거에는 글을 읽을 줄 모르는 사람과 아는 사람으로 나뉘었다. 하지만 21세기는 시대가 바뀌었다.

한국사회만 하더라도 글자를 읽을 줄 모르는 사람은 거의 없다. 그렇다고 문맹자가 없어졌다고 할 수는 없다. 앨빈 토플러의 말대로 당신이 살아갈 21세기의 문맹자는 글을 읽고 쓸 줄 모르는 사람이 아니라 공부하고 익힐 줄 모르는 사람이다. 한 마디로 21세기의 문맹자는 스스로 공부하지 않는 사람이다. 20대를 살아가는 당신은 어떤가? 문맹자인가? 아닌가?

학창시절 당신이 배운 지식은 솔직히 몇 년만 지나면 무용지물인 시대에 살고 있다는 사실을 알아야 한다. 이런 사실에 대해 앨빈 토플러는 이렇게 말했다. "오늘의 지식이 내일 쓰레기가 되는 혁명적 속도의 시대가 되었다." 그의 말처럼 20대인 당신이 앞으로 살아갈 시대는 정확히 혁명적 속독의 시대다. 그렇기 때문에 공부를 지속해야만 한다. '무용지식(Obsoledge)'은 앨빈 토플러가 자신의 저서 「부의 미래」에서 처음 만든 신조어다. '무용한(obsolete)'과 '지식(knowledge)'의 합성어다. 한 마디로 정보의 홍수 속에서 쏟아져 나오는 쓸모없는 쓰레기 수준의 지식을 지칭하는 말이다. 그런데 학창시절 배운 지식이 채 5년도 안 되어 대부분 쓸모없는 지식이 되어버린다는 것이다.

20대인 당신이 30대가 되고 40대가 될수록 이런 현상은 심해지면 심해졌지 사그라지지 않을 것이며 그 속도는 기하급수적으로 빨라진다는 사실을 쉽게 예측할 수 있다. 한 마디로 당신이 지금부터 스스로 공부하는 습관이 없다면

100% 이 시대의 문맹자로 살아가야 한다는 것이다. 이제 당신이 살아갈 이 시대에 공부는 더 이상 선택의 문제가 아니다. 공부하면 위대한 삶을 살 수 있지만 공부하지 않으면 고되고 비참한 삶을 살아야 한다. 즉 당신 삶의 주인이 될 것인지 노예가 될 것인지는 당신의 선택에 달려 있다.

진짜 공부로 인생을 즐기며 살 수 있다

필자가 존경하는 분 중 한 명은 우리 시대의 석학 김열규 교수다. 그의 저서 중 하나인 「공부」에 다음과 같이 공부에 대해 명쾌하게 설명한 대목이 나온다.

"그렇다면 이런 위대한 사람이 되려면 어떻게 공부할 것인가? 크게 '캐기'와 '짓기'로 나눌 수 있다. 땅속 깊이 다부지게 묻힌 것을 힘들여 캐내는 일이 공부다. 추리소설의 주인공이 작은 단서들을 오랫동안 캐고 따진 끝에 결정적인 증거를 잡아내는 공부를 해내야 한다. 꼬리에 꼬리를 물며 원인을 탐색하고 캐내는 것이 공부의 시작이다. 그러나 '캐기' 못지않게 중요한 것이 '짓기'다. 공부는 '캐기'에서 시작해 끊임없는 고통의 '짓기'를 거쳐 완성된다. 이런 짓기는 농사일처럼 인내를 요구한다. 괭이로 땅을 갈고 밭을 일구고 호미로 이랑을 내고 씨를 뿌리고 풀을 맨 후 마침내 수확을 거둬들이는 농사일처럼 공부해야 한다. 이 힘겨운 노동과 물씬물씬한 땀의 결정 없이 공부의 수확을 기대해선 안 된다. 아니, 될 수가 없다. 그렇기 때문에 공부하려는 사람은 고통을 즐길 수 있어야 한다."

– 김열규「공부」p.4~5 –

공부의 효과가 이렇게 크다면 그 과정이 고통스러운 것은 당연하다. 그래서 힘들게 해낸 공부는 절대로 배신하지 않는다. 하지만 공부 자체가 힘들다고만 할 수 없다는 것이 필자의 지론이다. 오히려 필자는 공부의 힘든 면보다 공부를 통해 얻는 기쁨과 즐거움, 지적 쾌락과 자신의 발전을 통한 보람과 의미에 더 집중하게 된다. 그래서 공부는 고통이 아니라 즐거움 그 자체라고 생각하는 편이다. 필자가 이렇게 생각하는 이유는 학창시절 공부는 쫓기듯 해야 하는 공부였다. 그리고 당시의 공부는 너무 암기 위주였고 뭔가 자꾸만 보여주어야 하고 검증받아야 하고 잊으면 안 되는 지식 위주의 공부였다. 당연히 공부 자체보다 더 힘든 것은 이런 정신적 압박감과 스트레스였다. 하지만 20대부터 할 수 있는 진짜 공부는 시험을 보거나 검증을 받는 공부가 아니다. 특히 암기가 중요한 지식 위주의 공부가 아니라는 것이다.

새로운 것을 깨닫고 사고력을 확장시키고 더욱 유연해지고 의식을 높이고 키우는 습득 위주의 공부가 아니라 의식 향상과 사고력 확장을 위주로 하는 공부가 바로 20대 때부터 해야 하는 진짜 공부에 가까운 것이다. 공부는 하기 싫은 것이 아니라 사실 즐겁고 재미있고 신나는 것이다. 그런데 한국사회가 공부는 하기 싫은 것이지만 출세를 위해 어쩔 수 없이 해야 하는 것으로 만들어버렸다. 지금이라도 공부에 대한 인식 전환이 필요하다. 공부는 정말 게임보다 재미있고 즐거운 것이다. 그렇기 때문에 평생 공부할 수 있다는 것은 어쩌면 제대로 인생을 즐기며 살아갈 수 있는 최고의 방법 중 하나다. 아무리 재미있어도 몇 년 즐기면 싫증나지만 공부는 평생 해도 싫증나지 않는다. 필자가 느낀 점은 바로 이것이다.

진짜 공부로 눈부신 인생을 만들어나갈 수 있다

"남들보다 2배 공부하는 사람은 10배의 소득을 올릴 수 있다. 남들보다 3배 공부하는 사람은 100배의 소득을 올릴 수 있다."이것이 필자가 진정으로 20대 청춘들에게 해주고 싶은 말이다. 재테크 서적보다 인문학 서적을 통해 세상 공부와 인생 공부를 해야 한다. 그렇게 되면 재테크 서적을 읽는 것보다 더 많은 돈을 벌게 되기 때문이다.

벤자민 프랭클린은 이렇게 말했다. "빈 가방은 똑바로 설 수 없다." 필자는 이런 말을 해주고 싶다. "텅 빈 인생은 공부하지 않은 인생이다. 그리고 공부하지 않은 사람은 빛날 수 없다." 돈이 아무리 많고 출세해도 빛나는 사람은 따로 있다. 공부로 내실을 다진 사람이다. '거화취실(去華就實)'을 기억하라. 화려한 겉치레, 포장은 삼가고 배제해야 하고 내실을 추구하고 이루어야 한다는 뜻이다. 이 말은 현대인들에게 꼭 필요한 말이다. 너도나도 자신을 그럴 듯 포장하기 위해 학벌과 경력을 세탁하고 돈으로 학위를 사고 논문을 표절하는 이 시대에 반드시 좌우명으로 삼을 말이다. 진짜 공부는 자신의 실력을 키우고 내실을 다지는 것이다. 단지 화려한 학벌을 내세우기 위해 대학원에 가는 것은 삼가야 한다. 진짜 공부가 하고 싶어서 대학원에 진학해야 한다.

미래학자 앨빈 토플러가 세계적인 석학이라는 사실은 아무도 부인할 수 없다. 하지만 그의 학벌은 너무나 단순하다. '뉴욕대 영문학과 학사' 이것이 세계 최고의 미래학자 앨빈 토플러의 학위의 전부다. 만약 그가 한국사회에서 태어나 한국사회에서 살았다면 지금 그가 이룬 업적의 절반도 이루지 못 했을 것이다. 한국사회에서는 영문학과 학부 학력은 학자로 취급해주지도 않기 때문이다. 한국사회는 아직도 학벌이나 출신학교를 따지고 석사나 박사 학위가 없으면 일단 신뢰해주지 않는다. 더 큰 문제는 화려한 학벌을 가진 석사나 박사라면 무조건 신뢰한다는 것이다. 그래서 정작 실력이 부족한 박사들이 넘쳐나는 것이다. 명문대 출신 박사라면 무조건 실력 있고 많이 알고 배울 것이 있을 것이라고 생각한다. 하지만 이것은 큰 오산이다. 학창시절의 지식은 5~10년만 지나면 무용지식이 되기 때문이다. 진짜 실력은 최근 5년 동안 얼마나 공부했는가에 의해 결정되지 20~30년 전의 졸업장에 의해 결정되는 것이 아니다. 30년 동안 글자 하나 안 틀리고 똑같은 강의 노트를 사용하는 대학교수가 과연 치열하게 공부하는 교수일까? 절대 아니다. 아무리 화려한 학벌의 박사도 최근 5년 동안 공부하지 않으면 절대로 빛날 수 없다. 실력과 내실이 없는 사람은 절대로 빛날 수 없다.

진짜 공부로 세상과 싸울 자신감을 기를 수 있다

'성공과 실패는 능력이나 학식의 문제가 아닌 의식의 문제다.' 필자가 항상 하는 말 중 가장 중요한 의미가 있다고 생각하는 말이다. 누군가가 성공했다면 그의 의식 덕분에 성공한 것이다. 90%는 의식의 문제라고 생각한다. 나머지는 풍부한 사고력과 창의성, 인맥, 능력, 지식, 끈기, 근면, 성실, 호감, 공감, 친밀감, 태도, 행운 등 다양한 요소들이다. 그런데 자신감은 의식에서 비롯된다. 최고의 자신감을 가질 수 있는 사람은 결국 최고의 의식을 가진 사람이다.

공부를 통해 의식이 바뀌고 의식이 바뀐 만큼 자신감이 생긴다. 이것이 필자의 지론이다. 공부하지 않고 생각만 바뀌어 생긴 자신감과 의식까지 바뀌어 생긴 자신감은 평소 차이점을 발견하지 못 한다. 하지만 가장 중요한 순간 그 차이점이 확연히 드러난다. 예를 들어, 처음에는 두 경우의 자신감 모두 자신 있게 뭔가 시작하고 시도하고 도전한다. 하지만 그렇게 야심만만하게 시작했던 도전이 실패로 끝났을 때 공부하지 않고 생각만 바뀌어 생긴 자신감을 가진 사람은 쉽게 주저앉는다. 감히 다시 도전해볼 엄두도 못 낸다. 하지만 치열한 공부를 통해 의식이 바뀐 사람들은 안 된다고 아무리 세상이 만류해도 계속 도전하고 이룰 수 있다는 불변의 자신감을 갖게 된다. 이것은 우리를 지배하는 무의식과 의식의 단계에서 발현된 자신감이기 때문이다. 공부를 통해 생긴 자신감은 그 어떤 일에도 요동치지 않는 태산과 같은 자신감이다. 모든 성공의 근원은 결국 자신감이다. 자신감이 없는 사람이 뭔가에 도전하고 포기하지 않고 끝까지 해내며 성공하는 경우를 본 적이 없다. 자신감 있는 사람은 당당히 세상에 나아가 자신을 증명하고 보여준다. 그런데 공부로 다진 내실과 내공, 세상을 보는 안목과 통찰력, 유연한 사고력 등이 없는 사람은 끊임없이 밀려드는 세파에 쉽게 좌초하고 만다.

진짜 능력이 없어서 자신감이 없는 경우를 제외하고 능력이 있으면서도 자신이 할 수 있는지 없는지를 모르고 확신할 수 없어서 자신감이 부족한 사람의 가장 큰 문제는 자신과 세상에 대해 제대로 인식할 공부의 부족이다. 진짜 공부를 통해 내실을 다지지 않는다면 자신감이 중요한 것이고 성공을 위해 반드시 필요하다는 것은 알지만 정작 자신감이 필요할 때 사그라지게 되어 있다. 더 조심해야 할 것은 아무 준비와 공부도 하지 않은 사람이 '자신감 있다고 자신을 세뇌시키는 것'이다. 이것은 거짓 자신감이고 자신을 기만하는 행동이다. 진짜 성공하기 위해서는 진짜 자신감이 필요하지 허황된 자신감이 필요한 것이 아니다. 그 어떤 내실도 차곡차곡 쌓지 않고 아무 준비와 공부도 하지 않은 사람이 막연히 자신감만 고취시킨다고 해서 성공에 이르는 것은 절대로 아니라는 것이다.

이런 점에서 꿈만 꾸게 하고 자신감을 불어넣는 자기계발 서적에 주의해야 한다. 한쪽 면만 강조하는 고전에 주의해야 하듯이 정신을 강화시키고 자신감을 고취시키는 책을 읽었다면 반드시 내실을 쌓아주는 책도 읽고 자신의 사고력, 통찰력, 지식, 상상력, 세상을 보는 안목을 골고루 키워주는 공부를 해야 한다. 자신감이란 정신을 강화시켜 나오는 것이 아니라 물통에 물이 차면 저절로 흘러넘치듯이 해야 하는 것이다. 매일 한 방울 한 방울 조금씩 차 결국 저절로 흘러넘치듯이 자신감이란 꾸준한 공부를 통해 어느 순간 의식적, 무의식적으로 흘러넘치게 되는 것이다.

공부를 통해 스스로 생각하는 사람이 될 수 있다

아시아를 대표하는 경영 컨설턴트이자 세계적인 경영전문가인 오마에 겐이치는 MIT대학원 유학 도중의 경험을 자신의 저서 「난문쾌답」에 소개했다. 어느날 교수가 자신을 연구실로 부르더니 문제 하나를 내주며 의견을 물었다. 그는 생각도 안 하고 무조건 도서관에 가서 조사해보겠다고 대답했다. 그는 '뭐든지 도서관에 가서 조사해보면 답을 빨리 찾을 수 있을 것'이라는 생각의 틀 속에 갇혀 살았던 인물이다. 대부분 사람들의 생각도 다르지 않을 것이다. 그런데 그때 획기적으로 그의 인생을 바꾼 사건이 벌어졌다. 교수는 화를 내며 말했다.

"스스로 생각해보게. 지금 이 연구실에 있는 자네와 내가

이 문제를 풀지 못한다면 아무도 풀 수 없네. 자네와 나는 기본 원리는 알고 있지 않은가? 그러니 가장 잘 풀 수 있는 방법도 알아낼 수 있네. 다른 사람을 쳐다볼 필요는 없네. 자, 혼자 풀어보지 않겠나? 분필은 여기 있네."

– 오마에 겐이치 「난문쾌답」 p.7 –

그 순간 오마에 겐이치는 큰 충격을 받았다. 모든 해답은 도서관에 있다는 고정관념 속에서 평생 살아왔기 때문이다. 한국처럼 일본도 주입식 교육 시스템이다. 사실상 한국의 교육 시스템은 과거 일본이 남긴 시스템이 그대로 유지되어 지금까지 내려왔기 때문에 일본과 한국의 초, 중, 고, 대학 6-3-3-4년제는 거의 같다. 교육방식도 비슷할 수밖에 없다. 중간에 누군가가 대개혁을 안 했기 때문이다. 어쨌든 이런 교육 시스템 속에서 오마에 겐이치도 모든 해답은 도서관에 있다고 생각한 것이다. 학교 교육에서 모든 문제는 교과서나 교재에 있는 사실에서 벗어나지 못 하기 때문이다. 그때 오마에 겐이치가 깨달은 중요한 사실은 '모든 정답은 자신의 머리로 스스로 생각해내야 한다는 것'이었다.

특히 지금처럼 답이 없는 시대를 살아가는 20대들은 모든 해답을 도서관에서 찾으려고 하면 안 된다. 스스로 생각하는 사람이 가장 강하며 이 시대가 가장 필요로 하는 사람이기 때문이다. 또한 어떤 분야에서 어떤 일을 하든지 스스로 생각하는 습관을 가져야 한다. 그리고 이렇게 사고를 멈추지 않으려면 사고의 재료와 원료가 충분해야 한다. 이때 사고의 원료와 재료가 바로 당신이 한 공부다.

아무리 고성능의 스포츠카도 원료가 있어야 앞으로 질주할 수 있듯이 20대에 해놓은 진짜 공부가 전혀 없는 사람은 절대로 스스로 사고할 수 없다. 스스로 사고할 줄 모르는 사람은 평생 남의 조언이 필요하고 남의 생각에 의지해야 한다. 그런 존재는 참된 주인으로 인생을 살지 못 한다. 모든 선택을 내리기 전에 남의 생각과 결정의 큰 영향을 받으면서 살기 때문이다. 남의 생각에 따라 이리저리 흔들리며 중심을 못 잡는 사람들이 쉽게 흔들리는 삶을 살게 되는 것은 분명하다. 모든 일을 스스로 생각하고 사유해 올바른 해답을 찾아내고 궁리한 사람들은 어떤 일이 생겨도 흔들리지 않는다. 확고한 의식과 생각이 그를 지탱해주기 때문이다.

진짜 공부로 자신을 끊임없이 발전시켜나갈 수 있다

오마에 겐이치는 '누군가로부터 답을 구하는 데 익숙한 사람보다 자신을 믿고 스스로 답을 찾는 사람의 생명력이 강하다.'라고 「난문쾌답」에서 말했다. 20대인 당신이 공부해야 하는 이유가 바로 이것이다. 누군가로부터 답을 구하는 인생은 절대로 자신의 발전을 기대할 수 없기 때문이다.

오마에 겐이치는 "구상력은 일부 천재의 전유물이 아니다. 보통사람도 새로운 것을 생각해낼 힘이 있다. 단지 경험이 부족할 뿐이다. 즉 머릿속에 구체적인 회로가 없는 것이다. 경험을 통해 구상력을 키우는 것이 중요하다."라고 말했다.
– 「난문쾌답」 p.190 –

공부란 머릿속에 구체적인 회로를 만들고 끊임없이 생각해 구상력을 키우는 행동이다.

20대는 모든 것이 정해지지 않은 혼란의 시기다. 배우자, 직장, 진출 분야 심지어 미래도 말이다. 이때 공부하지 않으면 매사에 최악을 선택할 수 있다. 배우자를 잘 선택하는 사람을 보면 사람 보는 눈이 있는 사람이다. 이것도 단지 키울 수 있는 것이 아니다. 끊임없이 진짜 공부를 한 사람은 사람 보는 눈이 조금씩 생기기 때문에 공부할수록 더 좋은 배우자를 선택할 수 있다. 그것은 선택의 문제와 함께 자신이 그만큼 성장하고 발전하기 때문이기도 하다.

'유유상종(類類相從)'이라는 말처럼 자신과 비슷한 수준의 배우자를 만나는 것이 인생이다. 간혹 안 그런 경우도 있지만 십중팔구 그렇다. 그것이 세상의 이치다. 프로와 아마추어를 결정짓는 것은 결국 자세이고 태도다. 끊임없이 공부할 수 있는 사람의 자세와 태도가 훌륭한 것은 분명하다. 당신의 인생을 바꾸는 방법은 여러 가지다. 큰 돈을 벌거나 성공하거나 로또에 당첨되면 된다. 하지만 공부를 통해 자신을 발전시켜 사람 자체가 바뀌는 것만큼 크게 바뀌진 않는다. 전자는 모두 외형 조건이나 환경이 바뀐 것이지만 후자는 내면 즉, 사람 자체가 바뀐 것이기 때문이다. 큰 돈을 벌거나 성공해 인생이 바뀐 사람과 공부로 자신을 도약시킨 사람의 가장 큰 차이는 이 세상에 어떤 가치를 제공해줄 수 있는가에 있다. 전자는 단지 세상의 것들을 차지하고 획득하고 성취해낸 것이라면 후자는 끊임없이 창조해나가고 만들어나가고 배워 알게 된 것을 세상에 전달해주는 것이다. 그런 점에서 공부를 통해 끊임없이 자신을 발전시켜나가는 것이 제대로 된 인생역전이라고 할 수 있다.

진짜 공부로 인생의 주인으로 살아갈 수 있다

84세까지 미국에서 살면서 정치가, 외교관, 저술가, 비즈니스 사업가, 과학자, 발명가로 활동하고 독학으로 성공하고 독창적이고 자유로운 사고로 도서관, 소방대, 대학 등 다양

한 현대적 도시 프로그램을 만든 벤자민 프랭클린은 이렇게
말했다.

"누가 현명한가? 만인으로부터 배우는 자. 누가 강한가?
자신의 열정을 지배하는 자. 누가 부자인가? 만족하는 자.
그런 자 누구인가? 아무도 없다."

– 도러시아 브랜디 「깨어나 네 삶을 펼쳐라」 p.67 –

벤자민 프랭클린은 만인으로부터 배우고 자신의 열정을
지배하고 자기 것에 만족할 줄 아는 사람은 없다고 말했다.
하지만 조선시대 선비들 중에는 적지 않았다. 다산 정약용을
비롯해 많은 선비들이 평생 배움을 중시했고 자신에게 엄격
하고 항상 절제하며 가난해도 청빈안도(淸貧安堵)를 즐겼음
을 아는가? 인생의 참된 주인으로 살아간다는 것은 바로 이
런 것이다. 과거 노예들은 인생의 참된 주인으로 살지 못 했
다. 배울 기회, 공부할 기회를 처음부터 박탈당했기 때문이
다. 평생 노예로 살아가야 했고 대를 이어 대물림되었다. 격
차는 점점 더 벌어졌다. 그 결과 노예해방이 되었지만 여전
히 노예 같은 삶을 사는 사람들이 적지 않다. 노예는 물리적
구속이나 눈에 보이는 사회적 신분으로 살지만 더 깊은 의
미의 노예의 삶은 정신적 구속과 눈에 보이지 않는 자신만
의 사고의 틀 속에 갇혀 평생 남의 말이나 의견의 영향을 받

으며 살아가는 경우다. 노예의 삶에서 벗어나 주인의 삶으로 살아가기 위해 가장 필요한 것은 스스로 생각하고 통찰하고 판단하는 사고력과 의식이다. 필자는 이것을 의식혁명이라고 부르고 싶다. 공부해야 하는 이유는 이런 의식혁명을 통해 노예에서 주인으로, 수동에서 능동으로, 단순히 살아가는 삶에서 의미와 가치를 발견하고 보람을 찾는 삶으로 바꾸기 위해서다.

"한 인간의 현재 모습은 스스로 그렇게 만든 결과다." 장 폴 사르트르의 이 말은 절대로 변명이나 핑계를 대지 말고 당당히 인생을 준비하며 자신의 삶을 만들어나가야 한다는 의미다. 30대, 40대, 50대가 된 후 당신은 진정 그때의 모습에 만족하며 잘 살아왔다고 말할 수 있을까? 20대에 해놓은 진짜 공부는 평생 당신을 든든히 받쳐주는 반석이 되어줄 것이다.

5장

20대의 진짜 공부로
최고의 삶을 만나라

"공부의 적은 자기만족이다.
진지한 공부는 반드시 불만족에서 시작되어야 한다."
– 모택동 –

"억만금의 재산이 독서만 못하다."
– 안 씨 가훈, 「면학」 –

"좋은 책을 읽는 것은 수많은
고상한 인물들과 대화하는 것과 같다."
– 괴테 –

"이 세상은 유쾌한 모습으로
원대한 목표를 향해 변화해가는 사람의 것이다."
– 랄프 왈도 에머슨 –

공부를 통해 창의적 인재가 될 수 있다

　천재 화가 피카소의 작품 「파이프를 든 소년」이 세계 경매시장 사상 최고가를 갱신한 적이 있었다. 당시 그림 한 장이 무려 1억 416만 달러라는 천문학적 가격에 팔렸다. 피카소는 어떻게 이런 값비싼 창조적인 그림을 그려낼 수 있었을까? 단지 천재적인 소질을 타고나서일까? 필자는 한 마디로 답하고 싶다. 그도 평범한 사람이었다고. 하지만 남들보다 더 치열하게 노력하고 남들과 다른 방법으로 자신의 그림을 그려나간 덕분이라고 쉽게 말하는 것은 너무 무책임한 설명 같다. 그래서 피카소가 천재 화가가 될 수 있었던 3가지 원인을 꼽아보았다.

첫째, 남들보다 더 빨리 그림을 그릴 수 있었다. 그의 아버지는 미술교사였다. 덕분에 그는 매일 그림을 그리는 아버지를 지켜보며 자란 덕분에 그림과 쉽게 친해질 수 있었고 자신도 직접 그림을 그렸다. 그 습관은 성인이 되어서도 바뀌지 않았다. 매일 그림을 그렸다. 성인이 된 후에도 매일 한 장을 그려낼 정도의 다작가였다.

둘째, 남들보다 더 많은 그림을 그렸다. 결국 1만 시간의 법칙이 그에게도 적용되었다고 생각한다. 남들보다 많은 시간을 그림 그리기에 투자해 두각을 나타내자 그림이 더 좋아져 남들보다 더 많이 그리는 선순환이 일어난 것이다.

셋째, 남들과 다른 방법으로 꾸준히 그림을 그렸다. 그 결과, 20세기를 대표하는 입체파의 거장이 될 수 있었다. 그도 처음부터 신동은 아니었음을 말해주는 대목을 살펴보자.

사진작가 기울라 할라스와의 대담에서 그가 직접 한 말이다.

"음악과 달리 회화 부문의 신동은 없습니다. 어린 천재란 유년기의 천재일 뿐이죠. 나이가 들면 아무 흔적도 없이 사라집니다. 그런 아이도 화가가 될 수는 있지만 처음부터 다시 시작해야 합니다. 나는 천재는 아니었습니다. 처음 그린 그림은 아동전시회에 출품되지도 못했어요. 어린이다운 천진함이나 소박함이 없었던 거죠.… 어린 시절 나는 아카데미 화풍에 따라 그

렸는데 지금 보니 충격적일 정도로 거의 베끼다시피 했더군
요."

– 하워드 가드너 「열정과 기질」 북스넛 p.263 –

그는 자신을 천재라고 생각하지 않았다. 음악과 달리 회화
분야에서는 신동이 없다고 말하고 있다. 피카소도 치열하고
지속적인 연습과 훈련으로 거장이 되었다. 그리고 그에게 공
부는 그림이었다. 다양한 방법으로 끊임없이 생각하고 표현
하고 창조해나갔던 것이다. 자신의 사고력을 부단히 연마해
새로운 방법, 새로운 길, 새로운 혁신, 새로운 미래를 창조해
나가는 것이 진짜 공부다.

진짜 공부를 통해 미래형 인재가 될 수 있다

살다보면 누구나 인생의 큰 전환점을 맞는 순간이 온다.
누군가는 책을 통해, 누군가는 현실을 통해 말이다. 앨빈 토
플러 이후 최고의 미래학자로 평가받는 다니엘 핑크는 자신
의 저서에서 미래 인재의 6가지 조건을 피력했다. 100% 공
감하진 못 하지만 최고의 주장인 것 같아 꼭 말해주고 싶다.
그가 주장하는 미래사회는 한 마디로 감성사회다. 지금까지

인류는 좌뇌 중심의 산업화사회를 살았다. 지식정보화 사회를 지나 이제 하이 컨셉, 하이 터치가 중요한 감성과 창조의 사회다. 그래서 우뇌 중심의 인재가 좌뇌 중심의 논리적 인재보다 훨씬 더 각광받고 필요로 하는 미래 인재라는 것이 그의 주장이다. 좌뇌는 논리적이고 면밀히 분석하는 것을 좋아하지만 우뇌는 큰 그림을 그리고 통합하고 감성적인 것을 좋아한다. 하지만 다니엘 핑크는 우뇌 중심 사회를 초월해 양쪽 뇌를 모두 사용하는, 전혀 다른 사고를 할 줄 아는 사람이 최고의 인재라고 말한다. 한 마디로 건강하고 행복하고 성공적인 삶을 살기 위해서는 양쪽 뇌를 모두 활용해야 한다는 주장이다. 필자가 가장 큰 충격을 받은 것은 다니엘 핑크가 소개한 MFA(Master in Fine Arts, 미술학 석사) 이야기다.

"UCLA 예술대학원과 비교하면 하버드 경영대학원 입학은 식은 죽 먹기다. 하버드 MBA 합격률은 약 10%인 반면, UCLA 예술대학원 합격률은 3%에 불과하다. 왜 그럴까? GM마저 예술사업을 표방하는 시대에 MFA는 가장 인기 있는 자격조건 중 하나다. 기업 인사담당자들은 인재 채용을 위해 명문 예술대학원(로드아일랜드 디자인스쿨, 시카고 아트스쿨, 미시건 크랜브룩 아트 아카데미 등)을 방문하기 시작했다. 그리고 이 예술대학원 졸업생들이 엘리트 그룹에 속해 있던 경영대학원 졸업생들의 자리를 잠식하기 시작했다."

- 다니엘 핑크 「새로운 미래가 온다」 p.82 -

와! 대단하고 놀랍고 충격적인 이야기가 아닐 수 없다. 실제로 다니엘 핑크는 「맥킨지 앤 컴퍼니」가 경영 컨설턴트로 선발한 인력의 60% 이상이 1993년 당시 MBA 자격증이 있었지만 10년이 채 안 되어 43%로 줄었다는 사실을 근거로 제시했다. 이제 IQ의 시대는 지나고 감성의 시대, 즉 EQ의 시대가 왔다. 「감성지능」의 저자 다니엘 골먼은 IQ가 사회적 성공과 큰 관련이 없다고 주장했다. 그리고 이제 우뇌 중심의 리더들이 큰 영향력을 발휘하며 조직을 성공적으로 이끌고 있다고 주장한다.

한 가지 예로 사람들을 즐겁게 만드는 유머감각이 있는 리더가 가장 효과적인 리더십을 발휘한다는 사실을 그는 기업 내에서 발견했다. 유머감각은 좌뇌보다 우뇌에 더 많이 의존하는 감각이라는 것이다. 실제로 「하버드 비즈니스 리뷰」 발표 연구에서 놀라운 사실이 드러났다. 연봉이 적은 '평범한 임원'과 연봉이 높고 미래가 촉망받는 '뛰어난 임원'의 평소 생활태도나 직원을 대하는 언행을 보면 유머를 얼마나 자주 구사하는가에 따라 차이가 생긴다는 것이다. 한마디로 '유머를 자주 사용하는 임원일수록 연봉이 높았다'

는 것이다. 즉, 우뇌를 자주 사용하고 우뇌 중심일수록 연봉이 높다는 말이다. 다니엘 핑크는 새로운 미래는 다양한 형태의 사고(양쪽 뇌를 모두 잘 사용해 만들어내는 사고)와 삶에 대한 감성적 접근과 교류가 중요해지므로 하이 컨셉, 하이터치 시대라고 부른다. 그는 하이 컨셉, 하이 터치를 이렇게 정의했다.

"'하이 컨셉'은 패턴과 기회를 감지하고 예술적 미와 감정의 아름다움을 창조해내며 훌륭한 이야기를 창출해내고 언뜻 관련 없어 보이는 아이디어를 결합해 새로운 것을 창조해내는 능력과 관련 있다. '하이 터치'란 타인과 공감하고 미묘한 인간관계를 잘 다루며 자신과 타인의 즐거움을 잘 유도하고 목적과 의미를 발견해 추구하는 능력과 관련 있다."

– 다니엘 핑크「새로운 미래가 온다」p.94 –

결국 하이 컨셉, 하이 터치의 시대에 필요한 인재의 조건은 과거 산업화 시대나 지식정보화 시대에 필요했던 인재 조건과 다르다. 그래서 그가 제시하는 미래 인재의 6가지 조건을 필자 나름대로 재정리해 재해석하면 다음과 같다.

1. 고성능에 감성을 사로잡는 디자인을 추가할 줄 아는 인재

- 이미 고성능 스마트폰이 출시되었음에도 불구하고 인기를 못 얻던 시기에 감성을 사로잡는 아이폰 디자인으로 세계인을 사로잡은 스티브 잡스가 이 경우의 미래형 인재라고 생각한다.

2. 단순히 자기 주장만 내세우지 않고 스토리를 갖춰 자신을 표현할 줄 아는 인재

- 중학교를 중퇴한 문제아가 골든벨을 울리고 연세대에 합격하고 암을 극복하고 세계여행에 도전하는 등 자신만의 인생 이야기를 가진 김수영 씨를 필자는 스토리를 갖춘 미래형 인재라고 생각한다.

3. 전문화를 뛰어넘어 다양한 분야를 통합하고 조화시킬 줄 아는 인재

- 영문학 학사라는 평범한 학위만 있던 앨빈 토플러가 다양한 분야의 독서와 공부로 미래와 사회, 인류에 대한 통합적 안목을 갖추고 그것을 꾸준히 출간함으로써 세계적인 미래학자로 평가받은 경우라고 생각한다.

4. 논리적 사고보다 서로 공감하도록 만들 줄 아는 인재

- 사우스웨스트 항공사는 드물게 단 한 번도 적자를 기록

하지 않은 경이로운 실적과 최저퇴직률로 미국인들이 가장 좋아하는 회사다. 그 비결 중 하나는 회장의 공감능력이다. 허브 캘러허 회장은 직원들을 직장동료, 친구로 대해준다. 그래서 이 회사 직원들은 어느 회사 직원들보다 더 회사일을 자기 일로 생각했고 그 결과, 수익으로 이어졌다. 필자는 이것을 공감능력을 가진 인재 유형이라고 생각한다.

5. 진지한 것에 유희와 유머를 더할 줄 아는 인재

• '펀(Fun) 경영'의 유행이 이 추세를 잘 말해준다. 단지 열심히 하라는 말보다 재미있고 즐기도록 해줄 때 직원들은 더 열심히 더 창조적으로 더 헌신적으로 일한다.

6. '풍요'로는 부족하다. '의미'를 찾을 줄 아는 인재

• 「죽음의 수용소」를 집필한 빅터 프랭클 박사의 경우다. 부, 물질, 풍요보다 인간에게 더 필요한 것은 의미다. 인간 이하의 희망조차 없던 나치 수용소에서 가장 큰 힘은 의미를 찾는 것이었다.

다시 정리하면 미래 인재의 6가지 조건은 디자인, 스토리, 조화, 공감, 유희, 의미다.

공부하는 사람이 진짜 행복한 사람이다

링컨은 다음과 같이 말했다. "인간은 자신이 결심한 만큼 행복해진다." 그런데 필자는 이렇게 말하고 싶다. "인간은 스스로 공부한 만큼 행복해진다." 진짜 인생을 제대로 살아가기 시작하는 나이대인 20대 청춘들은 행복과 성공에 대해 과연 어떻게 생각할까? 필자는 이것이 무척 궁금하다. 성공이나 부에 대해 청춘들의 관심이 매우 크다는 것은 매스컴 보도를 통해 알 수 있다. 하지만 한 가지 명심할 것이 있다. 부나 성공보다 더 중요하고 더 인간답게 해주고 더 좋은 삶을 만들어주는 것은 행복이라는 사실 말이다. 공부는 성공과 부, 행복의 최고 비결이다.

행복은 결국 우리 마음에서 시작된다. 필자가 좋아하는 TED 프레젠테이션에 「행복에 걸려 비틀거리다」의 저자 대니얼 길버트 씨가 출연한 강연에 큰 충격을 받은 적이 있다. 강연 주제는 행복이었다. 그가 주장하는 행복은 우리 마음속에서 만들어내야 하는 것이었다. 즉 외부 조건이나 상황에 의한 행복보다 스스로 만들어내는 행복이 진정한 행복이라는 이야기였다. 인위적인 행복이 자연적인 행복보다 덜하거나 나쁘다는 말은 절대 아니다. 이런 면에서 공부는 최고의 행복제조기다. 공부를 통해 지적 충족과 희열을 마음껏 즐길 수 있고 자아실현을 이루고 자신의 마음을 수양하고 인생을 드높일 수 있다. 이보다 더 큰 행복이 어디 있는가? 또한 공부를 통해 그 과정에서 나오는 즐거움을 누릴 수 있다. 공부는 결국 인위적으로 행복을 마구 생산해내는 것과 같다.

사실 생계 때문에 공부할 형편이 못 되는 30~50대들은 정말 불쌍한 사람들이다. 그들은 모두 마음껏 공부할 수 있었던 학창시절이나 먹여 살릴 처자식이 없던 처녀총각 시절이 그립다고 말한다. 필자도 이런 경험을 해봤기 때문에 그들의 마음을 잘 안다. 그런 점에서 진짜 공부를 하는 사람은 훨씬 더 행복할 수 있다. 물론 산전수전 다 겪고 인생의 중간지점인 40~50대에 다시 한 번 공부할 수 있는 사람은 행운아다. 진짜 공부를 미련 없이 할 수 있는 사람은 정말로 행복한 사람이다. 과거 조선시대를 돌아봐도 이 사실에는 변함이 없다. 양반으로 태어나지 못한 하층민들은 공부할 기회조차 없었고 중세에는 특권층만 글을 읽고 쓸 수 있었다. 그런 점에서 이 시대는 너무 큰 축복을 받은 시대임이 틀림없다. 하지만 제대로 공부하지 않는 사람은 그 축복과 행운을 제 발로 차버리는 것과 같다. 자신에게 주어진 행복과 행운을 붙잡는 사람은 결국 공부하는 사람이고 공부하는 사람은 행운뿐만 아니라 더 큰 행복을 스스로 만들어내는 행복창조자라고 부르고 싶다.

진짜 공부는 동정보다 인정받는 사람이 되게 해준다

'동정받는 사람은 큰 성공이나 부를 얻은 사람이 아니다. 하지만 인정받는 사람은 크게 성공하거나 엄청난 부를 얻은 사람이다.' 당신은 어떤 부류의 사람이 되고 싶은가? 20대의 진짜 공부, 어른의 공부는 당신이 동정보다 인정받는 사람이 되게 해준다는 사실을 명심하자. 동정받는 사람들은 대부분 실패자나 가난한 사람들이다. 하지만 인정받는 사람들은 대부분 성공한 사람이나 부자들이다. 연봉이 높은 사람들은 대부분 인정받는 사람들이다. 하지만 승진 경쟁에서 밀려나고 직급에 비해 연봉이 낮은 사람들은 인정 대신 동정을 받는 사람들이다. 동정과 인정을 구분하는 키워드는 바로 '진짜 공부'다.

앞에서 소개한 「연봉 높은 사람들은 20대부터 무엇을 했나?」에 당신의 장래 연봉은 20대 때의 습관으로 결정된다는 대목이 있다. 이 책이 주장하는 최고의 메시지는 20대 때 공부하고 준비하는 사람만 높은 연봉을 받는다는 것이다. 「공부하는 독종이 살아남는다」에 나오는 메시지도 비슷하다. 당신의 미래는 오늘 무엇을 공부하는가에 달려 있다.

"진짜 공부는 지금부터다. 본격적인 사회인이 되는 20~30

대, 이젠 당신이 사회의 주인이다. 주인이 되면 문제가 보인다. 문제가 보이면 해결해야 한다. 해결하려면 공부해야 한다."

– 이시형 「공부하는 독종이 살아남는다」 p.25 –

동성받는 사람들은 대부분 문제를 못 보년 보더라노 해결하려고 하지도 않는다. 문제의식도 주인의식도 없다. 특히 자기 인생에 대한 주인의식이 없다. 그래서 공부의 필요성조차 못 느낀다. 하지만 각 분야에서 인정받는 사람들은 대부분 문제의식과 주인의식이 있다. 그래서 그들은 문제가 보이고 그것을 해결하기 위해 반드시 필요한 것이 공부라는 것을 의식하게 된다. 그 결과 그들은 공부하지 말라고 말려도 공부안다. 그리고 그 공부를 통해 결국 인정받는 사람이 된다.

"공부는 부메랑이다. 효과는 반드시 나타난다. 이 달콤한 투자에 오직 필요한 한 가지, 그것은 견디는 시간이다."

– 이시형 「공부하는 독종이 살아남는다」 p.47 –

공부에 제대로 한 번 미쳐보자. 미치는 만큼 인정받는 사람이 되는 것이다.

성공과 실패는 1% 의식 차이에서 비롯된다

헬렌 켈러는 이런 말을 한 적이 있다. "나는 폭풍이 두렵지 않다. 나의 배로 항해하는 법을 알기 때문이다." 진짜 공부는 그녀의 말처럼 자신의 배로 항해하는 법을 알아가기 위한 것이다. 일할 때 써먹으려고 하는 공부는 진짜 공부가 아니다. 자신의 인생에 폭풍이 불어닥쳐도 두려워하지 않고 자신의 배로 항해하며 당당히 생존하기 위해 하는 공부가 진짜 공부다. 성공과 실패는 진짜 공부로 결정되지만 진짜 공부의 목표는 부나 성공이 아니다. 부와 성공은 부산물에 불과하다. 그렇다면 공부는 어떻게 우리가 뿌리 깊은 나무처럼 살 수 있게 해주는 것일까? 그것은 배움이 결국 인간의 내면을 성장시켜주기 때문이다. 흔들림 없는 삶을 살게 해주는 것은 인간의 외부환경이 아닌 인간의 강하고 큰 내면이다. 인간의 내면을 키우는 것이 공부이기 때문이다. 필자는 배움을 잘 설명한 글을 읽은 적이 있다. 「내 삶의 기초를 다지는 인문학 공부법, 단단한 공부」라는 책이었다.

"배움에 대한 열망은 자신을 둘러싼 세계를 인식하는 것이고 세계에 대한 생각이며 자신의 생각을 상대방과 나누고 상대방의 생각을 받아들이는 것이다. 인식, 사유, 소통 이 3가지는 모든 교육을 가능하게 만드는 근거다."

– 윌리엄 암스트롱 「단단한 공부」 p.52 –

우리를 둘러싼 세계를 잘 인식할수록 우리는 강해질 수 있다. 그리고 그것은 공부를 통해 가능하다고 생각한다. 공부를 통해 당신이 얻을 수 있는 것은 바로 인식의 변화다. 이것은 지식보다 중요하다. 인식이 바뀌면 의식 수준도 달라진다. 우리는 눈에 보이는 만큼 생각하고 의식한다. 그리고 의식하는 만큼 성장하고 발전한다. 폭넓게 공부한 사람들은 인식하는 범위, 눈에 보이는 범위가 넓다. 그래서 수천 권을 읽으면 읽은 만큼 어제까지 보이지 않던 것들이 보이고 새롭게 인식하는 것이다. 그 인식의 차이가 인생의 격과 질을 결정한다. 그런 점에서 성공과 실패는 능력의 차이보다 1%라는 작은 의식의 차이에서 비롯된다. 그런데 그 1%라는 작은 의식의 차이를 만들기 위해서는 99% 축적된 공부가 있어야 한다. 그래서 1% 의식의 차이는 별것 아니라고 생각할 수 있다. 하지만 그것은 가장 큰 오산이다. 긍정, 열정, 자신감 같은 것이 성공의 가장 중요한 요소라고 강조하면서 자기계발 서적을 읽고 감동받고 용기만 얻으면 그것들을 가질 수 있을 것이라고 생각한다면 큰 오산이다.

겨우 한두 권 독서로 긍정, 열정, 자신감을 얻었다는 사람은 그것들을 쉽게 얻은 만큼 쉽게 사라진다는 사실을 알아야 한다. 아무 근거도 없는 자신감만큼 위험한 것은 없기 때문이다. 하루하루 적은 양이지만 축적된 공부를 통해 내공을 다진 사람만 1%의 의식을 다르게 할 수 있고 진정한 긍정과 열정을 갖게 되고 근거 있는 자신감이 생긴다. 식지 않는 긍정과 열정이야말로 근거 있는 자신감이다.

완벽이 아닌 남다름을 추구하라

한국사회에서 태어나 초, 중, 고, 대학을 졸업하면 일반적으로 평준화된다. 즉 남들과 비슷하게 생각하고 비슷하게 옷을 입고 비슷하게 말하고 비슷하게 살아간다. 한국사회를 지배하는 '모난 돌이 정 맞는다'라는 패러다임 때문이다. 학교를 다니면서 중간 정도만 하는 것이 가장 편하고 좋았다. 너무 잘하거나 못하면 치명상이었다. 심지어 군대생활에서도 이 패러다임은 남성들을 철저히 지배했다. 최소한 필자에게는 그랬던 것 같다. 군대에서는 무엇을 하든 남들과 다르게 하는 것이 가장 위험하고 자신을 가장 힘들게 만드는 것이었다. 그 결과, 한국사회에서 살아오면서 느낀 점은 '튀면 죽음'이다. 남들과 너무 다른 존재가 되면 사는 것이 피곤하고 힘들고 어렵고 복잡해진다고 생각했다. 하지만 지금 생각해 보니 이런 패러다임은 누군가가 뭔가 과감히 시도하고 도전하는 데 맨 먼저 극복해야 할 가장 힘든 패러다임 중 하나였던 것 같다. 처음부터 이런 패러다임에 물들지 않았더라면 좀 더 빨리 더 나은 인생을 살 수 있었을 것이다.

필자가 남들과 다른 존재, 모난 돌, 튀는 것이 더 좋은 인생전략임을 깨닫게 해준 사람은 세스 고딘이었다. 그의 책을 통해 필자는 튀는 것이 부정적이고 나쁘고 손해보는 것이 아니라 긍정적이고 유익한 것임을 처음 인식했다. 바로 그 책의 다음 대목을 읽고서 말이다.

"몇 년 전 가족과 함께 자동차로 프랑스 여행을 할 때의 일이다. 우리는 동화에 나올 만한, 수백 마리 소떼가 고속도로 바로 옆 그림 같은 초원에서 풀을 뜯는 모습에 매혹되었다. 수십 km를 지나가는 동안 내내 우리는 창밖에 시선을 빼앗긴 채 감탄사를 연발했다. "아, 정말 아름답다!" 그런데 채 20분도 안 되어 우리는 그 소들을 외면하기 시작했다. 새로 나타난 소들은 방금 전 봤던 소들과 다르지 않았고 경이로워보이던 것들은 곧 평범해 보였다. 아니 평범 이하였다. 지루하기 짝이 없었다. 소떼는 한참 바라보면 금방 지루해진다. 그 소들이 완벽하고 매력적이고 온순하고 아름다운 햇살 아래에 있더라도 말이다. 하지만 만약 '보라색 소(Purple Cow)'라면? 그럼 관심을 당기겠지? 보라색 소의 핵심은 '뛰어나야' 한다는 것이다."

- 세스 고딘 「보라색 소가 온다(원제: Purple Cow)」 p.16~17 -

결국 최고의 성공 비결은 '남달리 튀는 것'이다. 필자는 이제 그것이 비범한 인물이 되는 최고의 방법이라고 생각한다. "'완벽이 아니면 모두 소용없다.'라는 격언을 한 단어로 줄이면 '무기력'이다." 처칠의 이 말은 많은 것을 생각하게 한다. 당신은 무엇을 느꼈는가? 필자는 완벽의 추구는 완벽함의 함정에 쉽게 빠져들고 그 함정 때문에 아무 시도조차 못 한 채 조용히 절망하며 살아가는 수많은 평범한 사람들을 생각하게 되었다. 물론 그들 중 필자도 포함되어 있었다. 적어도 3년 전에는 그랬다. 그렇게 30대 후반까지 살았고 결국 평범한 인생에서 벗어나지 못 했다. 그리고 그 대가는 재미없고 고된 삶이었다. 하지만 3년 전부터 남다름을 추구하자 인생이 바뀌기 시작했다. 물론 남다름을 추구하자마자 달라진 것은 아니다. 밥을 먹으려면 쌀을 씻어 밥을 짓고 뜸을 들이면 된다. 시간문제일 뿐이다. 하지만 밥을 짓지 않은 사람은 아무리 많은 시간이 흘러도 밥을 먹을 수 없을 것이다.

남다름의 추구에 대한 확고한 인식을 준 사람은 톰 피터스다.

"기업과 당신에게 차이 특히 극적인 차이야말로 브랜딩의 전부다. 당신은 어떤 면에서 독특한가? 그것을 찾아내라. 그것을 선전하라. 그것을 키워라."

– 톰 피터스 「인재」 p.51 –

세계적인 경영 컨설턴드인 그는 남다른 차이를 주목하게 해주었다. 그 결과, 필자는 어제와 전혀 다른 인생을 살아갈 수 있게 되었다. 만약 필자가 무엇을 하든 완벽을 추구했다면 지금도 어제와 같은 평범한 인생을 살고 있을 것이다. 평범한 인생은 힘들고 복잡하고 어렵고 고달프다. 약 40년 동안 평범한 인생을 살아온 필자의 견해는 그렇다. 그리고 이제 1년가량 살고 있는 필자의 비범한 인생은 쉽고 즐겁고 단순하고 재미있고 눈부시다. 그런데 여기서 중요한 사실은 필자가 비범한 인생을 살게 해준 것은 필자의 능력이 아닌 인식이라는 점이다.

완벽에서 남다름의 추구로 인식을 전환한 것이 결국 비범한 인생을 살게 해주었다. 그리고 이 인식의 전환은 약 3년 동안 공부했기 때문에 가능했다. 공부 외에 인식을 바꿔주는 것은 이 세상에 별로 없기 때문이다. 그것도 40년 동안 굳을 대로 굳은 낡은 인생관을 가진 중년에게는 더욱 더 그렇다.

만 권의 책을 읽고 만 리를 여행하라

명말청초, 위기의 시대를 대표했던 학자 고염무(顧炎武)는 끝까지 지조를 버리지 않았던 진정한 지식인이자 사상가였다. 그의 집에는 장서만 6~7천 권이 넘었다. 그런데 그는 집밖에 나가지도 않고 책도 읽지 않는 선비들을 경멸했다. 집에서 빈둥빈둥 시간만 보내는 한량들을 경멸한 것이다.

"뭔가 배운다면서 하루 나아가지 못하면 하루 뒤처지는 것이다. 친구도 없이 혼자 공부만 파는 것은 고루할 뿐만 아니라 성과도 내기 어렵다. 너무 한쪽에만 오래 치우치면 거기에 물들어 깨닫지 못하게 된다.… 집밖에 나가지 않고 책도 읽지 않는 사람은 벽창호 선비다."

– 김영수 「현자들의 평생공부법」 p.249 –

그는 말 두 마리와 노새 두 마리의 등에 책을 싣고 돌아다니는 것을 좋아했고 기이한 책을 발견하면 기어이 손에 넣어야 직성이 풀렸다. 어릴 때부터 독서를 좋아해 다양한 책을 구하기 위해 20년 동안 천하명산, 도시 등 안 다녀본 곳이 없었다. 그는 공부법, 독서법과 관련해 우리 가슴에 영원히 남을 짧고 강렬한 명언을 남겼다. '독서만권(讀書萬卷)

행만리로(行萬里路)' '만 권의 책을 읽고 만 리 길을 여행하라'라는 이 말은 분명한 공부 방법론을 제시해주는 명언이다. 그의 방법이 진정한 공부법일까? 필자는 그렇다고 생각한다. 만 권의 책을 읽으면 의식과 사고가 편협함에서 벗어나고 만 리 길을 다니면 넓은 세상을 경험하면서 세상을 보는 시야가 넓어진다. 그 결과 큰 인생을 살아갈 토대가 마련된다. 생각하는 것, 느끼는 것, 보는 것이 한두 권도 읽지 않고 '우물 안 개구리'처럼 지낸 사람과 다르기 때문이다. 독서관련 공부법 중 필자가 항상 강조하는 독서법은 많은 책을 두루 섭렵하라는 것이다. 한두 권의 명저만 읽는 것은 결국 그 책의 생각 틀 속에 자신을 가두는 것과 같기 때문이다.

중국이 낳은 위대한 문학가이자 사상가인 노신(魯迅)은 독서법에 대해 몇 가지 매우 중요한 사실을 말했다. 그가 제시하는 독서법은 '두루 많이 읽어라'이다. 그는 꿀벌이 많이 모여드는 꽃에서 꿀을 채집해야 달콤한 꿀을 얻을 수 있다는 말로 설명했다.

'꿀벌 같아야 한다. 많은 꽃에서 채집해야 달콤한 꿀을 얻는 것과 같다. 한 곳에서만 빨면 얻는 데 한계가 있고 시들어버린다.'

– 김영수 「현자들의 평생공부법」 p.280 –

이것은 고염무가 말한 '독서만권' 주장과 일맥상통한다. 두 번째 방법은 '사색하고 사회와 접촉해 읽은 책을 살리는 독서'라고 말한다.

"깊이 파고드는 독서에도 병폐가 있다. 따라서 사회와 접촉해 읽은 책을 살려야 한다. 자기사색, 자기관찰이 요구된다. 책만 보면 책 상자로 변할 뿐이다. 설령 흥취하더라도 이미 경색되기 시작해 결국 죽은 것이 될 것이다."
                              – 김영수 「현자들의 평생공부법」 p.283 –

한 마디로 노신은 세상과 교류하는, 살아있는 독서와 공부를 권했다.

'젊을 때 고생은 사서도 한다'라는 말이 있는 것도 바로 이 때문이다. 고생은 평범한 일상에서 쉽게 경험할 수 없는 특별한 경험이다. 그리고 이보다 더 좋은 인생 경험은 넓은 세상을 다니며 수많은 사람과 이야기 나누고 다양한 삶의 모습을 직접 보고 경험하는 것이다. 동전도 양면이 있고 하루도 낮과 밤이 있고 세상에도 남녀가 있듯이 공부도 책상에서 하는 공부와 세상에 나아가 하는 공부가 따로 있음을 기억해야 한다. 다만 하루하루 빈둥빈둥 낭비하는 것은 공부가 아닌 방탕이다. 집에 있으면서 하루 종일 책으로 공부하지 않으면서 넓은 세상을 보고 배우는 여행도 하지 않는 20

대는 아무 것도 배우지 못 하고 생각하지 못 하기 때문이다.

진짜 공부는 비범한 인물이 되게 해준다

"아! 곤륜산의 옥도 갈고 다듬지 않으면 기와조각과 같고 예장(豫章)의 훌륭한 재목도 깎고 다듬지 않으면 가시나 무와 같다. 안자(晏子)와 맹자의 자질도 배우고 닦지 않으 면 범부, 천졸(賤卒)에서 벗어나지 못할 것이다. 그르므로 옥도 다듬지 않을 수 없고 재목도 깎지 않을 수 없으며 사 람도 배우지 않을 수 없는 것이다. 인간으로서 배울 줄 모 른다면 어찌 지혜롭다고 할 수 있겠으며 알면서도 행하지 못한다면 의롭다고 할 수 있겠으며 할 줄 알면서도 힘껏 하지 않는다면 용기 있다고 할 수 있겠는가?"

– 김건우 「옛사람 59인의 공부 산책」 p.140 –

조선시대 선비 담헌 홍대용 선생의 말이다. 곤륜산의 옥도 다듬지 않으면 기와조각과 같고 훌륭한 재목도 깎고 다듬지 않으면 가시나무와 다를 바 없듯이 사람도 공부하지 않으면 어리석어진다는 것이다. 실제로 공부하지 않고 비범한 인물 로 도약한 사람은 역사상 단 한 명도 없다.

레오나르도 다빈치도 타고난 천재가 아니었다. 피나는 독학으로 천재로 도약했다. 존 스튜어트 밀도 둔재로 태어났지만 공부를 통해 위대한 천재로 도약한 인물이다. 발타자르 그라시안은 자신의 저서에서 이렇게 말했다.

"무릇 사회에는 비범한 인물이 필요하다. 그러므로 남들과 다른 자신만의 매력을 갈고 닦는 데 주저하지 말자. 어느 정도의 논쟁이나 비판은 철저한 무관심보다 훨씬 낫다. 이것은 어느 분야든 마찬가지다. 성공하고 싶다면 어느 정도 연예인 기질을 갖춰야 하는 법이다. 자신을 보이고 공백을 채워가며 자신의 결점을 덮어라. 특히 실질적인 업적이 있을 때는 자신을 당당히 드러내 돋보이게 하자."

– 발타자르 그라시안 「지혜를 갖추고 상대를 압도하라」 p.160 –

비범한 인물이 되려면 자신만의 매력을 갈고 닦아야 한다. 그렇다면 자신만의 매력을 어떻게 발견하고 갈고 닦을 것인가? 그리고 자신의 공백을 어떻게 채우고 자신의 결점을 덮을 것인가? 이 모든 것을 가능하게 해주는 것이 바로 공부다. 공부의 주 목적은 자신에 대한 깊은 성찰이다. 그리고 그 성찰은 자신만의 남다른 매력과 차이점을 발견하게 해준다. 그리고 그 성찰은 자신만의 매력을 어떻게 갈고 닦을지에 대해서도 깨닫게 해준다. 또한 공부를 통한 자기성찰은 자신에게 부족한 공백을 어떻게 채워나가며 자신의 결점을 보완해나갈지에 대해서도 새롭게 인식하게 해준다. 그런 점에서 당신을 비범한 존재로 만들어주는 것은 잡기가 아닌 공부다. 잡기는 남들보다 조금 더 잘하게 해주지만 공부는 남다른 존재, 비범한 존재로 만들어준다.

회사에서 뼈 빠지게 일해 승진하더라도 그것은 당신이 비범한 존재라는 것을 의미하지 않는다. 몇 년 후 그 자리는 다른 사람으로 바뀐다. 그때 당신은 다시 무직이 되어야 한다. 직위나 회사명이 적힌 명함에만 의지하면 몇 년 후 비참한 상황을 맞는다. 공부로 내공을 갖춘 사람들은 이때 절대로 당황하지 않는다. 그들은 직위가 표시된 명함이 없더라도 세상의 인정을 받는 비범한 존재로 자신을 발전시켜나간 인물이기 때문이다.

이 세상에 공부 외에 무엇이 당신을 비범한 존재로 만들어줄 것인가? 물론 남들보다 접시닭이를 엄청나게 잘해 달인 수준이 되어 스타킹에 출연할 수도 있다. 그렇다고 해서 당신이 비범한 존재는 아니다. 더 중요한 사실은 그렇게 아무리 잘해도 인생이 별로 달라지지 않을 뿐만 아니라 귀인이 되지도 못 한다는 것이다. 인생을 바꿔주고 귀인이 되게 해주는 것은 오직 공부뿐이다.

공부를 통해 100세 인생을 준비하라

"지혜로운 사람은 여름날 다가올 겨울에 먹을 양식을 미리
비축해둔다. 위기에 미리 대비하는 것은 결코 지나친 일
이 아니다. 오히려 역경에 빠진 후 모든 일이 더 힘들어질
것이다. 재능과 지혜가 있는 사람은 결코 행운을 바라며
일하지 않는다. 개인의 노력을 통해서만 운명을 결정할
수 있으며 충분한 자신감을 갖춰야만 행운을 기대할 수
있다. 기민하고 유연한 사고를 지닌 사람은 신중하되 답
답하지 않으며 대담하되 경거망동하지 않는다. 용기와 미
덕을 갖춘 사람은 탁월한 담력과 명철한 혜안으로 일처리
하며 행운까지 겹쳐 엄청난 성과를 거둔다."

– 발타자르 그라시안 「지혜를 갖추고 상대를 압도하라」 p.24 –

이 말처럼 지혜로운 사람은 여름날 다가올 겨울에 먹을
양식을 미리 준비하고 비축해두는 사람이다. 20대 청춘은
어떻게 보면 인생의 가장 뜨거운 여름날이다. 그런 여름날
흥청망청 청춘을 보내는 사람은 인생의 겨울날 그 누구보다
춥고 배고프고 외로울 수 있다. 인생의 여름날인 20대를 인
생의 겨울날을 위해 잘 준비하는 사람은 공부하는 사람이
다. 스스로 해놓은 공부만큼 기대고 믿을 것은 없다. 돈이나

명성, 인기는 하루아침에 사라질 수 있다. 그래서 돈에 너무 의지하는 사람은 바로 그 돈 때문에 큰 곤란을 겪을 수 있고 인기나 명성에 너무 의지하는 사람은 하루아침에 인기가 사라지거나 줄어들면 인생의 혹독한 겨울을 맞아야 한다. 하지만 진짜 공부로 자신의 재능과 지혜를 갖춰나간 사람은 혹독한 인생의 겨울을 맞는 일이 절대로 없다. 자신의 지혜와 재능으로 충분히 인생을 잘 살아갈 수 있기 때문이다. 그런 점에서 진짜 노후 준비는 공부다. 공부를 통해 참된 미덕과 용기를 갖추게 되고 담력과 혜안이 생긴다. 그래서 이것들을 갖춘 사람은 긴 인생 동안 절대로 경거망동하지 않는다. 공부로 내공을 쌓은 사람들은 쉽게 경거망동하지 않는다. 하지만 운 좋게 한두 번 인생이 잘 풀려 성공한 사람은 공부와 실력으로 성공가도를 달리는 사람과 달리 한 순간에 무너지는 경우가 많다. 공부를 통한 미덕과 혜안을 갖추지 못해 어떻게 행동해야 할지 몰라 경거망동하기 때문이다.

가끔 TV방송에서 연예인이나 유명인사가 너무나 어처구니없고 어리석은 행동으로 수십 년 동안 쌓은 명성과 성공을 한순간에 무너뜨리는 경우를 보게 된다. 그런 어리석은 행동을 스스로 절제하지 못 했기 때문임을 알아야 한다. 그들은 왜 절제하지 못했을까? 공부를 통해 자신의 마음을 다스리는 법을 배우고 익히지 못 했기 때문이다. 그런 점에서 진짜 공부를 통해 성공한 사람은 그 성공이나 명성이 절대로 하루아침에 사라지지 않는다. 태산처럼 진중하고 요동치지 않는 인생이 바로 공부하는 사람들의 특징이라고 할 수 있다.

'100세 시대(Homo Hundred)', 당신은 무엇으로 기나긴 인생을 준비할 것인가? '여우는 많은 것을 안다. 그러나 고슴도치는 하나밖에 모른다. 그리고 그것이 위대하다.' 고대 그리스 시인 아킬로쿠스의 문장이다. 우리도 고슴도치처럼 한 가지만 알면 된다. 바로 공부다. 이것이 길어진 인생을 제대로 행복하고 성공적으로 살아가는 기술이며 수단이다.

6장

무엇을 선택하고
어떻게 공부할 것인가

"학문의 최대 적은 자기 마음속에 있는 유혹이다."
                                                – 윈스턴 처칠 –

"많은 것을 바꾸고 싶다면 많은 것을 받아들여라."
                                            – 장 폴 사르트르 –

"내가 어떤 존재이고 왜 여기 있는지 알지 못한다면 인생을 살아갈 수 없다."
                                                – 톨스토이 –

"인생은 대담무쌍한 모험이 아니면 아무것도 아니다."
                                            – 헬렌 켈러 –

이제는 MPA를 공부하라

　시대는 급변하고 있다. 20대인 당신이 앞으로 살아갈 시대는 현재가 아닌 미래다. 지금 각광받는 분야가 미래에도 각광받을 것이라는 안일하고 어리석은 생각은 버려야 한다. 강물이 흘러 바다로 가듯이 항상 시대는 바뀌어 흘러왔다. 그리고 그 시대 흐름은 패러다임과 가치관을 바꾸었고 시대마다 가장 중요한 학과와 분야를 수없이 바꿔왔다. 이제 또 한 번 급변한다는 사실을 알려주는 현상들이 세계 도처에서 일어나고 있다. 그 중 하나가 MBA에 대한 사회적 요구다. 필자가 열심히 직장생활한 1990년대 당시 가장 인기 있던 분야는 MBA였다. MBA 학위만 있으면 장래가 보장되었다. 한 마디로 최고의 성공 보증수표였다. 엄청난 MBA 열풍이 불었고 너도나도 MBA 학위 취득을 위해 거액을 들여 해외로 유학을 떠났다. 필자는 그럴 형편이 못 되어 못 간 것이지 안 간 것이 아니다. 하지만 결과적으로 안 갔기 때문에 아니, 못 갔기 때문에 지금 이렇게 글을 쓸 수 있는지도 모른다. 하지만 10년도 채 안 되어 MBA는 시들해지고 있다. 눈치 채지 못 하는 사람들은 시대의 흐름을 읽지 못한 자신을 곰곰이 생각해봐야 한다. 이제는 소비자의 감성을 자극하는 디자인과 감성경영 시대다. 그 결과, MBA보다 MFA(Master of Fine Arts) 학과가 더 각광받고 있다.

「하버드 비즈니스 리뷰」에 따르면 '디자인 경영의 중요성이 확산됨에 따라 이제 MBA 대신 MFA 시대가 열리고 있다.'는 것이다. 뿐만 아니라 삼성을 비롯한 국내 기업들도 인문학과 디자인 전공자들을 과거보다 훨씬 더 많이 선발하기 시작했다. 20대 청춘들이 공부할 과목이나 분야를 선택할 때 몇 가지 고려할 사항을 알려준다면 지금 가장 각광받는 분야를 절대로 선택하지 말라는 것이다. 지금 가장 각광받는 분야는 20대인 당신이 가장 왕성히 사회생활할 30~40대, 가장 큰 경쟁력이 필요한 50대가 되면 사라질 것이 너무나 분명하기 때문이다.

현재 각광받는 분야는 아니지만 다가오는 미래에 각광받을 분야를 선택해야 한다. 동시에 자신이 가장 좋아하는 분야를 선택해야 한다. 필자는 후자를 선택했다. 20대인 당신은 용기를 갖고 직관이 이끄는 것을 선택하는 것이 중요하다. 그래야 후회 없는 인생을 살 수 있기 때문이다. 자신에게 더 많은 기회를 줄 분야를 선택해야 한다. 그리고 처음에는 깊이 파기 위해 우선 넓게 파는 것이 중요하다는 것을 명심하자. 세상은 넓고 공부할 것도 많다. 당신에게 가장 좋은 보상을 해줄 공부가 무엇인지 잘 선택해야 한다. 처음부터 좋은 선택을 할 수는 없다. 풍부한 독서로 사고와 의식이 향상된 후 좋아하는 선택을 해도 늦지 않다. 그런 점에서 우선 다양한 분야를 폭넓게 공부하는 것이 중요하다. MBA도 살펴보고 MFA도 맛보라. 수많은 분야를 섭렵하라. 그리고 자신에게 가장 맞는 것을 선택하면 된다. 하지만 많은 사람들이 MFA 같은 예술관련 공부를 등한시한다. 대부분은 말을 안 해도 인기 좋은 MBA를 선택한다. 그렇기 때문에 필자는 MBA보다 MFA를 공부하라고 권하고 싶다.

미술, 음악, 예술은 인간의 감성을 가장 풍부하게 해주고 창조적인 활동을 요구하는 학문이다. 이런 학문을 공부하는 사람은 무엇보다 감성이 풍부해진다. 지금 20대인 당신이 가장 왕성히 활동할 시대는 논리적이고 똑똑한 좌뇌 중심의 인재들이 아닌, 감성적이고 통합적인 우뇌 중심의 인재들이 이끌어갈 시대임을 알아야 한다.

인간에 대한 통찰, 인문학의 심연에 빠져라

플라톤의「프로타고라스」에 보면 공부를 통해 왜 지혜를 길러야 하는지 잘 보여주는 대목이 나온다.

"이 지방 사람들은 자신들이 다른 그리스인들보다 뛰어난 것은 지혜 때문이 아니라 싸움과 용기로 얻은 것이라고 남들에게 인식시키려고 했습니다. 그들이 뛰어난 이유가 상세히 밝혀지면 모든 사람이 지혜를 갖기 위해 애쓸 것이라고 생각했습니다. 지금도 이 비밀은 잘 지켜져 여러 나라에 흩어져 있는 스파르타 예찬론자 대부분이 그들의 계략에 넘어갔습니다."

– 플라톤「프로타고라스」p.92 –

지혜는 지식이나 정보보다 인간의 삶과 연관된 것이다. 그런 점에서 인간의 지혜는 인문학 독서를 통해 함양될 수 있다고 생각한다. 이것이 20대인 당신이 인문학 서적을 반드시 읽어야 하는 이유다. 읽는 정도를 넘어 인문학의 바다에 빠져야 하는 이유는 한두 권을 읽었다고 해서 인문학의 진정한 지혜와 맛을 느낄 수 없기 때문이다. 또한 아무리 훌륭한 고전이더라도 한 권보다 여러 권을 두루 섭렵하는 편이 훨씬 낫기 때문이다. 그리고 그런 독서를 통해 새롭고 가치 있는 아이디어들이 나온다고 생각한다.

공자 연구의 권위자인 리링은 자신의 저서에서 고전의 매력에 대해 다음과 같이 멋진 말로 설명했다.

"고전의 매력은 질박(質朴)입니다. 그리고 그것은 고전이 가진 힘의 원천이기도 합니다. 즉 전혀 다듬어지지 않은 통나무 같은 것이 고전입니다. 통나무는 식탁의 재료도 되고 수레의 재료도 되고 궁궐의 재료도 됩니다. 통나무로 무엇을 만들지는 만드는 사람의 의지에 달려 있고 완성된 물건은 통나무의 질감이 살아 있으면서도 만든 사람의 생각이 반영되어 있습니다. 우리는 새로운 생각이나 방법으로 얼마든지 통나무를 깎아 새로운 물건을 만들 수 있습니다. 새로운 물건이 가공되지 않은 원재료를 바탕으로 만들어지듯 새로운 아이디어는 고전에서 나옵니다."

– 리링(李零) 「집 잃은 개」 p.1,374 –

인문학 독서가 새로운 아이디어의 원천이기 때문에 고전 독서를 해야 하는 것은 아니다. 인문학 독서는 그 이상이다. 인문학 독서에 빠져야 하는 가장 근본적인 이유는 인문학 독서가 인간답게 살아가는 방법, 그렇게 살아야 하는 이유, 삶의 목적을 찾게 해주고 삶의 의미와 가치를 알게 해주기 때문이다. '당나귀는 여행에서 돌아와도 여전히 당나귀일 뿐 결코 말이 될 수 없지만 인간은 인문학 독서를 하면 할수록 더욱 더 인간이 되어간다.' 필자는 이 말을 좋아한다. 그래서 다른 책에서도 이 말을 한 적이 있다. 우리가 왜 인문학 독서를 해야 하는지 잘 말해주고 있다. 이 말은 필자가 직접 만든 말이다. 이 한 마디에 우리가 인문학 독서를 할 때 얻는 수많은 유익함을 단적으로 표현한 말이라고 생각하기 때문에 매우 좋아한다. 즉 인간은 인문학 독서를 하지 않으면 인간다운 삶으로부터 점점 더 멀어지지만 인문학 독서를 하면 할수록 점점 더 인간다운 삶에 가까워진다. 구체적으로 표현하면 인문학 독서를 제대로 하면 할수록 가치 있고 의미 있는 인생을 살게 된다는 말이다. 그런 점에서 인문학 독서가 인생을 좌우하는 것이다. 인문학 독서는 우리가 어떻게 살아갈지 가르쳐주고 스스로 깨닫게 해준다. 그런 점에서 인문학 도서는 우리의 인생 모습과 결과까지 결정짓는다.

20대인 당신이 인문학 독서를 해야 하는 또 다른 이유는 당신의 생각을 제대로 혁명할 수 있는 유일한 책들이 대부분 인문학 책들이기 때문이다. 물론 자기계발서도 어떤 점에서는 생각을 바꾸는 데 도움을 주는 것이 사실이다. 하지만 자기계발서는 생각을 폭넓게 해주는 원료를 제공하지 않고 이미 만들어놓은 음식을 먹여주는 것에 가깝다. 그래서 빨리 먹고 영양을 빨리 보충해 빨리 행동하고 빨리 성과를 보게 해준다. 그런 점에서 자기계발서는 영양제와 같다. 꼭 필요한 영양분만 뽑아 하나의 알약으로 만들어 제공하기 때문이다.

반면, 인문학 서적들은 천연식품이나. 시간은 많이 걸리지만 두고두고 효과를 발휘한다. 즉 기초체력 같은 것이 인문학 독서이고 자기계발 독서는 올림픽에 출전하는 선수가 해당 종목의 기술을 익히는 것과 같다. 건강하게 살려면 기초체력이 필요하듯이 인생을 제대로 잘 살아가려면 인문학 독서가 반드시 필요하다고 생각한다. 또한 위대한 인물이 되는데도 반드시 필요하다. "세계적인 석학들 중 역사나 철학(인문학)을 외면하고 자신의 연구 분야에만 매달리는 사람은 거의 없다."

미네소타대 의대 교수이자 한국과학기술원 외부협력 교수인 김대식 교수가 쓴 「공부혁명」에 나오는 말이다. 우리가 왜 인문학 공부를 해야 하는지 분명히 말해준다. "인문학이 없으면 나도 없고 컴퓨터도 없다."라는 빌 게이츠의 말처럼 오늘날의 빌 게이츠를 만든 것은 어쩌면 인문학과 기술이라고 할 수 있다. 빌 게이츠뿐만 아니라 발명왕 에디슨도 인문학 공부와 독서가 수많은 발명의 원동력이 되었음을 알아야 한다.

"에디슨이 정식교육을 받은 기간은 겨우 6개월이다. 그러나 그는 어머니의 지도 아래 9세 때 이미 세계명작인 「로마제국의

쇠락」을 읽었고 철로 위에서 신문팔이로 일하면서도 매일 도
서관을 찾아 책꽂이의 책들을 모조리 읽었다."

– 김달국 「29세까지 반드시 해야 할 일」 p.129 –

놀랍지 않은가? 인문학과 전혀 상관없어 보이는 발명과
컴퓨터 개발의 대가들이 인문학의 큰 영향을 받았다니 말이
다. 또한 인문학과 전혀 상관없는 투자 분야에서도 인문학을
공부한 사람들이 세계 최고의 투자자들이라는 점이다.

세계 금융시장 전문가 마크 파버(Marc Faber)는 다음과
같이 말했다. "황무지에서 금맥을 캐려면 돈의 흐름을 꿰뚫
어보는 능력이 있어야 한다. 그러려면 무엇보다 철학, 역사,
지리 공부를 해야 한다." 월스트리트 역사상 가장 성공한 펀
드매니저이자 '월가의 영웅'으로 불렸던 피터 린치는 자신
의 저서에서 인문학 공부가 자신의 투자에 큰 도움을 주었
음을 분명히 밝혔다.

"지금 와서 돌아보니 역사나 철학 공부가 통계학 따위의
공부보다 주식투자를 준비하는 데 훨씬 더 도움이 되었
다. 주식투자는 과학이 아닌 예술이며 모든 것을 정밀히
수량화하는 훈련을 받은 사람들은 상당히 불리한 조건에
서 출발한다고 할 수 있다."

– 피터 린치 「전설로 떠나는 월가의 영웅」 p.44 –

인문학 공부를 한 투자자들이 훌륭한 투자자가 되는 것은 인문학 공부가 사고를 넓혀주고 인간의 심리와 삶을 누구보다 깊이 통찰하게 해주므로 남들이 보지 못하는 것들을 보게 해주는 통찰력을 길러주기 때문이다.

역사를 버리면 미래도 없다. 역사를 공부하라

20대인 당신은 상대적으로 인생 경험이 부족할 수밖에 없다. 그렇기 때문에 더욱 더 역사 공부가 필요하다. 역사를 공부하면 시야가 넓어지고 수많은 간접 경험을 할 수 있다. 오랜 세월 위인들의 특별한 삶을 통해 좀 더 폭넓은 인생을 살게 된다. 그리고 어떤 삶이 훌륭한 삶인지, 어떻게 생각하고 행동하며 살아야 할지 배우게 된다. 특히 위대한 삶을 살다간 위인들의 삶을 알게 되면 그들을 롤 모델로 삼아 살아가게 되고 그들의 훌륭한 점을 배워 자신도 위인들의 삶을 살아갈 수 있게 된다.

세종대왕은 세계에서 가장 훌륭하고 과학적인 한글을 창제한 위대한 성군이다. 그가 집현전 학사들에게 당부한 말을 아는가? 그 말을 아는 사람과 모르는 사람은 어떤 차이가 있을까? "우리 모두 목숨 버릴 각오로 독서하고 공부하자. 조상을 위해, 부모를 위해, 후손을 위해 여기서 일하다가 함께 죽자.”세종대왕이 이토록 위대한 성군이 된 것은 저절로 된 것이 아님을 알 수 있는 대목이다. 그리고 그를 치열한 공부의 귀감으로 삼아 공부에 전념할 수 있게 된다.

사마천이 궁형이라는 치욕스런 형벌을 당하고도 자살하지 않고 살아남아 최고의 역사서 「사기」를 집필한 역사적 사실을 공부한 사람은 살아가면서 어떤 역경이 닥쳐도 쉽게 좌절하거나 포기하지 않을 수 있다. 역사는 과거의 삶을 살았던 지나간 사람들의 이야기이며 기록이다. 기록이 없으면 사라진다. 그렇게 되면 우리가 역사에서 배울 수 있는 너무나 소중한 것들을 하나도 못 얻게 된다.

“역사는 사라진 것에 대한 기록이다. 사라진다는 것은 무(無)이고 그것을 기록으로 남기는 역사는 무가 되는 것을 막기 위해 그것에 의미를 부여하는 행위다. 자신이 사라질 운명에 처했음을 아는 인간은 어떤 방식으로든 자신의 삶에 의미를 부여하지 않으면 살 수 없는 존재다. 자신의 삶이 의미 있다는 확신을 가지려면 먼저 그 이전에 살았던 사람들의 삶이 의미가 있었음을 입증해야 했고 이런 필요성이 역사라는 서사를 만들어냈다.”
– 김기봉 외 「고전의 향연」 p.179 –

인간은 자신의 삶에 의미를 부여하지 않으면 제대로 살아갈 수 없는 존재다. 그렇기 때문에 역사를 기록하고 공부해야 한다.

에드워드 H. 카의 저서 「역사란 무엇인가」를 읽어보면 역사에 대해 너무나 잘 알 수 있다. 그는 그 질문에 대해 '역사는 현재와 과거의 끊임없는 대화'라는 현답을 남겼다. '역사란 역사가와 사실들의 부단한 상호작용의 과정이며 현재와 과거의 끊임없는 대화다.' 역사를 공부하는 당신이 반드시 명심할 한 가지 사실은 모든 역사에는 역사가의 주관과 해석, 평가와 의견이 포함된다는 점이다. 역사가 현재와 과거의 끊임없는 대화라고 볼 때 대화를 나누는 둘 중 한 명은 과거 역사적인 인물과 사건이고 또 다른 대화 상대는 바로 역사가라고 할 수 있다. 문제는 역사는 반드시 부단한 상호작용으로 일관성을 유지해야 하며 물 흐르듯 이어져야 한다는 것이다. 그 흐름 속에서 우리가 살아가는 존재라는 사실을 인식할 때 역사를 공부해야 하는 이유가 더 분명해질 수 있다. 역사를 공부해야 하는 이유 중 하나는 우리 모두 그 흐름과 사회를 떠나 개인으로 존재할 수 없는 사회적 동물이기 때문이다. 사회적 동물이기 때문에 사회의 모습, 구조와 원리, 흐름을 이해해야 하고 그것들을 잘 이해하는 사람이 사회생활을 더 잘하는 것은 당연하다.

스마트의 총체, 과학기술을 공부하라

아이패드가 최초로 세상에 공개될 당시 스티브 잡스는 직접 환상적인 프레젠테이션을 했다. 그는 자신의 트레이드마크인 청바지와 검은 옷 차림으로 애플과 이이패드에 대해 설명했다. 그런데 그의 모습 뒤로 묘한 의미의 사진 한 장이 비쳤다. 거리에서 흔히 볼 수 있는 교차로 안내판이었다. 그런데 안내판에 쓰인 두 개의 도로명이 놀랍게도 기술과 인문학을 뜻하는 'TECHNOLOGY'와 'LIBERAL ARTS'였다.

"인문학과 기술의 교차로입니다. 애플은 항상 이 둘이 만나는 지점에 존재해왔죠. 우리가 아이패드를 만든 것은 항상 애플이 기술과 인문학의 갈림길에서 고민해왔기 때문입니다. 그동안 사람들은 기술을 따라잡기 위해 애썼지만 사실 그 반대로 기술이 인간을 찾아와야 합니다."

많은 사람들이 인문학을 강조하면서 인문학이 마치 마법이라도 된 것처럼 생각하는 경향이 있지만 사실 인문학만큼 중요한 것이 바로 정보와 기술, 즉 과학기술이다. 세상을 바꾼 것은 한 마디로 과학기술이다. 과학기술이 발달하지 않았다면 오늘날 비행기, 우주선, 휴대폰, 컴퓨터, 인터넷, 심지어 디지털 TV도 없는 세상에서 살아야 했을 것이다. 인류 역사를 바꾼 101가지 발명품의 대부분이 과학기술의 힘에 의해 탄생되었다. 책, 트랜지스터, 망원경, 냉장고, 전화기, 라디오, 로봇, TV, 휴대전화, 인터넷, PC, 아이팟 등은 인류 역사를 바꾼 발명품들이다. 발견과 발명으로 세상과 역사를 바꾼 사람들은 모두 과학기술을 공부, 연구한 사람들이다. 세종대왕, 장영실, 에디슨, 빌 게이츠, 스티브 잡스, 아이작 뉴턴, 갈릴레오 갈릴레이, 마이클 패러데이, 마리 퀴리, 찰스 다윈, 닐스 보어, 루이 파스퇴르 등을 기억해보면 쉽게 알 수 있다. 인문학만 강조해 인문고전만 읽고 과학기술 공부를 하지 않는 것은 큰 문제다. 다양한 분야의 공부를 폭넓게 해야 하는 것은 결국 깊은 공부를 위해서다. 깊이 가려면 우선 넓게 시작해야 하기 때문이다.

인간의 조직과 경영을 공부하라

20대인 당신이 앞으로 멋진 인생을 살기 위해서는 반드시 경영을 배워야 한다. 경영은 과거에는 기업 CEO나 비즈니스맨들의 전유물이었다. 하지만 이제는 누구나 자신을 경영해야 하고 나아가 조직을 경영해야 한다. 많든 적든 소모임이나 조직에서 팀을 경영할 기회가 과거보다 늘었다. 20대 청춘들은 앞으로 살아가면서 최소한 수십 번 이상 작은 경영자가 되어야 하고 때로는 큰 조직의 최고책임자가 되어야 한다. 이때 경영학에 대한 인식과 공부가 부족하다면 큰 낭패를 보게 된다. 필자가 그 경우다. 필자는 혼자 주어진 일이나 과제를 누구보다 최선을 다해 잘 완수하는 성격이었다. 그래서 누구보다 열심히 일했고 좋은 성과를 얻었다. 하지만 그것은 어니까지나 직장 3년차까지다. 5년차, 10년차가 되면 일의 성격이 개인에서 팀으로 바뀐다. 이것뿐만이 아니다. 누군가를 자꾸 관리하고 팀을 경영해야 한다. 한 마디로 관리자가 되어야 한다. 그런데 이때 경영과 조직 공부를 해놓지 않은 사람은 우왕좌왕한다. 아는 것이 힘이기 때문이다. 공부를 안 한 사람은 절대로 제대로 할 수 없다. 그래서 20대인 당신이 경영 공부를 미리 해두어야 하는 것이다. 경영원리와 효과적인 경영법을 아는 것은 경영자나 비즈니스맨들에게만 필요한 것이 아니다.

"이제 자기경영 시대가 온다. 나를 관리하는 것은 오직 나 자신뿐, 자신만의 포트폴리오를 설계하라." 명저 「코끼리와 벼룩」을 쓴 영국의 대표적 경영사상가(Business Thinker) 찰스 핸디의 이 말은 20대인 당신이 왜 지금부터 경영학을 공부해야 하는지 알려준다. 20대인 당신에게 경영학 공부를 필자가 추천하는 이유 중 하나는 기업가정신을 고쳐시켜 주고 싶기 때문이다. 기업가정신과 경영혁신에 대한 피터 드러커의 탁월한 혜안이 담긴 그의 말을 살펴보는 것도 나쁘지 않을 것 같다.

"기업가들은 경영혁신을 실천한다. 경영혁신이란 기업가
정신을 발휘하기 위한 구체적 수단이다. 경영혁신은 기
존 자원(resources)이 부(富)를 창출하도록 새로운 능력
을 부여하는 활동이다. 혁신 자체가 정말 새로운 자원을
창출한다. 인간이 어떤 자연 그대로의 것에 대해 새로운
용도를 찾아내 그것에 경제적 가치를 부여하기 전까지는
'자원'이라고 부를 만한 것은 아예 존재하지도 않는다. 그
때까지 모든 식물은 잡초이고 모든 광석은 돌덩어리일 뿐
이다. 한 세기 전까지만 해도 땅속에서 스며나오는 원유,
보크사이트, 알루미늄 원광은 자원이 아니었다. 그것들은
하찮은 존재로 토양을 망치기만 했다. 페니실린 곰팡이도
한때 자원이 아닌 병균일 뿐이었다. 세균학자들은 박테리
아 배양 과정에서 병균에 감염되지 않도록 온갖 주의를
기울였다. 그후 1920년대 런던의 의사였던 알렉산더 플레
밍은 이 '병균'이야말로 세균학자들이 애타게 찾던 바로
그 박테리아를 죽이는 물질임을 확인했다. 그렇게 되자
페니실린 곰팡이는 소중한 자원이 된 것이다."

– 피터 드러커 「기업가정신」 p.47 –

이것이 바로 기업가정신을 발휘한 수단인 경영혁신 사례

다. 당신의 인생도 다르지 않다. 당신에게는 아직 다듬어지지 않고 가치가 부여되지 않은 원석과 같은 소질과 재능이 있다. 경영은 바로 그런 자원에 뭔가 추가하고 찾아내고 발견하고 개발해 당신 자신을 가치 있는 존재로 만들어나가는 것이다. 그것을 위해 당신에게 필요한 것이 바로 경영학적 소양과 공부다. 그리고 피터 드러커는 무엇보다 자신의 강점에 집중할 것을 강조했다. "자신이 할 수 있는 것이 아니라 자신이 할 수 없는 것에만 신경 쓰는 사람 그리고 그 결과 강점을 활용하기보다 약점을 줄이려는 사람은 자신감이 약한 인간의 표본이다. 아마도 그는 타인의 강점을 파악하고 위협을 느끼고 있을 것이다."

그의 수많은 조언 중 하나는 약점 개선에 너무 많은 시간을 소모하지 말라는 것이다. 무능한 분야에서 평균 수준으로 올라가는 데 걸리는 에너지와 노력이 너무 크다는 것을 알기 때문이다. 그 시간과 노력, 에너지를 자신이 잘 하는 분야에 투자할 때 훨씬 더 적게 들 뿐만 아니라 훨씬 더 빨리 훨씬 더 높은 수준으로 쉽게 도약할 수 있다. 경영이란 그런 것이다. 최소비용으로 최대이익을 올리는 방법을 알고 실천하는 것이다. 인생이나 조직에서도 경영이 필요한 이유가 바로 이것 아닐까?

경영학 공부가 누구에게나 필요하다고 생각하는 이유 중 하나는 항상 하던 대로 행동하면 항상 얻던 것 이상을 못 얻기 때문이다. 항상 어제의 방식을 개선하고 혁신하려는 의식과 마인드를 함양하고 실천해야 한다. 링컨의 말대로 당신은 앞으로 살면서 항상 부단히 어제와 다른 방식을 찾기 위해 노력해야 한다. 그렇게 할 때 인생은 점점 더 개선되기 때문이다. 그리고 그것들을 가장 잘하도록 도와주는 것이 바로 경영 마인드라고 생각하기 때문에 경영학적 소양과 공부는 인문학적 소양과 공부만큼 절대로 필요하다고 생각한다.

피터 드러커가 자신의 저서에서 경영학의 필요성에 대해 언급한 부분을 살펴봄으로써 경영학 공부를 시작해보는 것은 어떨까? 그의 수많은 저서 중 핵심이라고 필자가 생각하는 「경영의 바이블」에 나오는 대목이다.

"경영은 서구문화가 존재하는 한, 기본적이고 지배적인 제도로 존속할 것이다. 경영은 현대 산업시스템의 본질과 현대 기업의 니즈(Needs)에 뿌리를 두고 있다. 산업시스템은 인적자원과 원자재 같은 생산재를 현대 기업에 맡겨야 한다. 경영은 현대 서구사회의 기본적인 믿음을 나타낸다. 경제자원을 체계적으로 조직화함으로써 인간의 생계를 통제할 수 있다는 믿음을 나타낸다는 의미다. 또한 경제적 변화가 인간생활을 향상시키고 사회적 정의를 실현하는 가장 강력한 엔진이 될 수 있다는 믿음을 나타내기도 한다. 300년 전 조나단 스위프트가 "하나의 풀잎만

자라던 자리에 풀잎 2개가 자라도록 하는 사람은 이론으로 무장된 철학자나 형이상학적 제도를 만드는 사람보다 인간에게 더 유익하다."라고 과장한 것처럼 말이다. 자원을 생산적으로 만들고 조직화된 경제적 진보를 위한 책임으로 채워진 사회의 한 부문으로서 경영은 현대사회의 기본정신을 반영한다. 사실 경영은 필요불가결해 거의 저항 없이 빠른 속도로 성장할 수 있는 것이다."

– 피터 드러커 「경영의 바이블」 p.17~18-

그의 말처럼 경영은 필요불가결한 것이다. 그리고 이 말은 조직뿐만 아니라 개인에게도 유효하다고 생각한다.

경제의 본질, 부의 원리를 공부하라

살아온 날들보다 살아갈 날들이 5배 이상인 20대들은 부에 대해 제대로 이해해야 한다. 20대인 당신은 지금 자본주의 사회에서 살고 있고 앞으로 살아가야 하기 때문이다. 냉정하게 들리겠지만 돈은 인생에서 반드시 필요하다. 그렇기 때문에 어느 정도 돈이 없으면 당신은 하고 싶은 것을 하면서 살 수 없다. 최소한 필요한 돈은 당신이 하고 싶은 것을 마음껏 하면서 살 수 있을 만큼의 돈이다. 그 돈을 벌기 위해서는 무조건 열심히 일하는 것만으로는 부족하다. 돈의 원리, 부의 원리를 알아야 한다. 필자가 20대인 당신에게 말해주고 싶은 부의 원리는 그것이 세상 이치와 전혀 다르지 않다는 것이다.

사마천은 자신의 저서 「사기」(화식열전)에서 돈과 관련해 다음과 같이 말했다. "보통사람들은 남이 자신보다 10배 더 부유하면 욕하고 비난한다. 하지만 자신보다 100배 더 부유하면 두려워 도망간다. 그리고 자신보다 1,000배 더 부유하면 다시 돌아와 그의 일을 해준다. 그리고 자신보다 10,000배 더 부유하면 기꺼이 그의 종이 된다. 이것이 사물의 이치다. 당신은 부자들을 욕하고 비난할지 모른다. 하지만 거부들은 당신과 전혀 다른 세상에서 살아가고 있다. 당신에게 필요한 것은 그들에 대한 비난이 아니라 그들처럼 거부가 되는 것이다. 부자가 되는 데 관심 없다고 말하지 말라. 부자가 되는 것은 자본주의 사회에서 사회의 골칫거리인 가난과 빈민문제를 하나 더 해결하는 것이다.

"부자들은 점점 더 부유해지고 있다. 당신은 어떤가? 최근 뚜렷한 사회현상 중 하나는 중산층이 사라진다는 것이다. 그리고 중산층의 감소는 국가의 안정은 물론 민주주의 자체를 위협하고 있다. 그래서 우리는 당신이 부자가 되어 우리 사회의 골칫거리가 되기보다 해결책이 되길 바란다."

로버트 기요사키와 도널드 트럼프가 자신의 저서 「기요사키와 트럼프의 부자」에서 한 말이다. 그렇다면 어떻게 부자가 될 수 있을까? 부의 원리, 부를 축적하는 법, 그것을 유지하는 법에 대한 공부도 어느 정도 필요할 것이다. 근대 경제학의 창시자인 애덤 스미스는 자신의 저서 「국부론」에서 부의 원천은 노동에 있고 부의 증진은 노동생산력의 개선에 있다고 설파했다. 하지만 이 말은 이제 완전히 틀린 말이 되었다. 노동을 통해 부를 창출한 부자들은 거의 찾아보기 힘들 정도로 사라졌다. 부자들은 모두 자신의 분야에서 열심히 일해 부자가 된 것이 아니라 자신의 인생에서 열심히 생각해 부자가 된 것이다. 세상을 놀라게 할 아이디어가 있다면 지금 당장 부자가 될 수 있는 시대가 바로 당신이 살아가고 있는 시대다. 부의 원천은 노동에서 지식으로 전환되었고 지식과 정보가 부의 원천이었지만 이제는 생각, 아이디어, 감성, 컨셉, 콘텐츠 등이 부의 원천이다. 그리고 이제는 물질적인 생산보다 눈에 보이지 않는 경험이 부의 더 큰 원천이 되고 시발점이라는 사실도 알아야 한다.

부의 본질은 무엇일까? 여기 놀라운 주장을 하는 사람들이 있다. 살펴보자.

"모든 부는 그 본질이 어디에 있든 마음가짐에서 시작된다. 마음가짐이란 인간이 완전히 통제할 수 있는 유일한 대상이라는 점을 유념하자. 조물주가 인간에게 생각하는 능력과 그것을 어떤 형태로 드러내는 특권을 부여한 것 외에 다른 컨트롤 능력을 허락하지 않았다는 사실은 매우 의미심장하다. 마음가짐은 전자석(電磁石)과 같이 인간을 지배하는 생각, 목표, 의도의 결실을 끌어당긴다. 예를 들어, 공포와 불안, 의심이 마음을 지배한다면 그 결과를 끌어당긴다."

– 나폴레온 힐 「생각하라! 그럼 부자가 되리라

(Think and Grow Rich)」 p.22~23 –

"'부유한 사고를 하는 사람들'은 현재 그들의 은행잔고와 상관없이 부자가 된다. 항상 가능성을 모색하고 그들만의 방식으로 인생을 살아가기 때문이다. 비록 일시적으로 현찰이 부족하더라도 그런 상황은 오래가지 않는다. 그들은 어떻게든 인생에서 진정 원하는 일을 찾아내는 것 같다. 반면, '가난한 사고를 하는 사람들'은 큰 집에서 살고 비싼 옷을 입더라도 머릿속은 항상 미래에 대한 두려움과 주위사람들에 대한 불신으로 가득하다. 그들은 자신의 돈이 모두 사라져도 괜찮다는 것을 모르기 때문에 지금 가

진 것을 지키거나 더 많이 빼앗기 위해 끊임없이 노력할
수밖에 없다."

- 폴 매케나 「온 리치」 p.25~26 -

부에 대한 관점 중 당신이 반드시 알아야 할 것은 물질이
아닌 생각이 부의 원천이라는 점이다. 그리고 그 생각을 결
정하는 것은 당신이 하는 진짜 공부의 성과다.

역사만큼 미래도 중요하다. 미래학을 공부하라

왜 미래학에 관심을 갖고 미래학을 공부해야 하는가? "미
래를 모르고 살아가는 것은 마치 어둠 속에서 방향감각을
잃고 절뚝거리며 걸어가는 것과 같다." 윌리엄 할랄 조지워
싱턴대 교수의 말처럼 미래를 아는 만큼 제대로 대처하고
방향을 잡아나갈 수 있기 때문이다. 하지만 제대로 미래학을
공부한 사람은 현재 한국에 없다고 해도 과언이 아니다. 앨
빈 토플러, 다니엘 핑크, 자크 아탈리처럼 세계적인 미래학
자가 아직 한국에 없을 뿐만 아니라 제대로 미래학을 공부
한 석학들도 없기 때문이다. 그래서 20대인 당신이 한국의
앨빈 토플러가 되어야 한다. 최소한 미래학에 관심을 갖고

꾸준히 공부해나간다면 한국사회에서 가장 필요로 하는 인재가 될 가능성이 크다는 점에서 미래학을 공부하라고 권하고 싶다.

미래를 예측하고 미래학을 공부한다는 것은 과연 무엇일까? 한국의 대학들에는 아직 미래학과가 없는 실정이다. "미래는 예측하는 것이 아니라 상상하는 것이다. 따라서 미래를 지배하는 힘은 읽고 생각하고 정보를 전달하는 능력에 달려 있다." 앨빈 토플러는 미래학을 공부하는 방법은 결국 읽고 생각하고 소통능력을 기르는 것이라고 말했다. 그는 최근 저서에서 「누구를 위한 미래인가」에 대해 다음과 같이 언급했다.

"그런데 누구를 위한 미래란 말인가? 컴퓨터와 인공위성과 영상통신의 시대, 익숙한 산업들이 몰락하고 낯선 산업들이 부상하고 이웃과 기업, 가족생활이 급변하는 현 세상에서 우리에게 고통스러운 정치적 질문들이 던져진다. 모든 문명은 계층, 성별, 인종 심지어 지역 사이에서 권력을 배분하는 그 문명만의 특성이 있다. 산업문명이 역사의 뒤안길로 저무는 상황에서 새롭게 부상하는 문명은 단지 인종, 민족, 국적, 종교 같은 것들이 다르다는 이유로 그동안 차별, 핍박, 억압받아온 수백만, 수십억 명에게도 권력을 나눠줄 수 있을지 의문을 제기하는 사람들이 많다. 가

난하고 힘없는 사람들은 지금까지 그랬듯이 다가오는 미래를 단지 깨지지 않는 유리창 너머에서 방관하게 될까? 아니면 우리가 만들어나가는 새로운 문명에서 환영받을까? 어려운 질문이다. 그리고 가장 위험한 질문일 것이다."

– 앨빈 토플러 「누구를 위한 미래인가」 p.197~198 –

그렇다면 미래학이란 무엇인가? 앨빈 토플러는 같은 책에서 이렇게 말했다.

"미래학도 결국 역사편찬과 마찬가지로 어느 정도 주관성이 개입되는 것을 피할 수 없습니다. 미래학은 공학이 아닌 일종의 예술입니다. 따라서 제 입장을 이렇게 정리할 수 있겠습니다. '과학의 도움을 받아 예술을 한다'라고 말입니다."

– 앨빈 토플러 「누구를 위한 미래인가」 p.306 –

앨빈 토플러는 단순히 외삽법을 이용하는 데 그치는 미래학자들은 현재의 상황을 분석한 다음 현재까지의 과정과 현시점에 존재하는 것들이 미래에도 거의 똑같이 이어질 것이라는 가정하에서 외삽법을 적용하기 때문에 상상력이 결여된, 너무나 취약한 방법을 쓰고 있다고 말했다. 20대인 당신은 한국사회에 별로 없는 미래학자가 되어볼 필요도 있다.

또 아는가? 당신 혼자 책을 보면서 연구, 분석해 미래학 서적을 출간하고 전 세계 석학들을 열광시킬지 말이다. 누구나 가능성은 있다. 문제는 실천이다. 무엇보다 20대인 당신은 '100세 시대(Homo Hundred)'로 상징되는 21세기를 살아가야 한다.

2000년 60억 명이던 세계 인구는 현재 70억 명에 육박하고 지난 10년 동안 지구온난화로 우리나라의 해수면은 7cm 이상 상승했다. 2008년 미국발 금융위기로 세계경제 생태계가 완전히 파괴되고 2010년 새로운 생태계인 G2가 탄생했다. 2011년 일본 후쿠시마 원전사고가 발생해 전 세계를 경악시켰다. 미래학은 세계가 너무 급변해 더욱 더 필요한 학문이다. 하지만 미래를 정확히 예측한다는 것은 불가능하다. 다만 다양한 대안을 제시해 미래를 좀 더 올바른 방향으로 이끌고 가는 것이 미래학자들의 목표일 것이다. 하지만 누구나 미래에 관심을 가져야 하고 미래학에 대한 인식과 축적된 공부가 있는 사람이 없는 사람보다 우위를 점할 것이라고 생각한다.

「2030년, 미래전략을 말하다」에 보면 미래학자 제임스 데이터 교수의 말을 토대로 미래학을 공부해야 하는 이유를 잘 설명한 대목이 나온다.

"많은 미래학자들은 기술혁명이 미래사회를 변화시키는

원동력이라고 말한다. 미래는 정확히 예측할 수 없지만 미래를 변화시키는 것이 과학기술이라는 데는 대부분 동의한다. 데이터 교수는 사회의 거대한 변화는 과학기술 때문에 발생하며 이 '변화의 쓰나미에 올라타기(Surfing the Tsunami)' 위해 반드시 미래학을 공부해야 한다."라고 말한다. 그러면서 과거 수백 년 걸리던 농업기술의 변화가 2000년에는 1년 만에 일어났고 2025년에는 불과 2~3일 만에 일어날 것이라고 한다. 누구든지 변화의 쓰나미에 올라타지 않으면 쓰나미에 휩쓸리고 만다는 것이다."

– 임춘택 외 「2030년, 미래전략을 말하다」 p.115 –

21세기를 살아갈 20대인 당신은 변화의 물결에 올라타지 않으면 그 물결에 휩쓸린다. 그러므로 미래학을 공부하지 않으면 안 된다는 결론에 이른다. 미래학을 공부해야 하는 이유는 개인적인 문제보다 국가적인 생존 문제로 대두되고 있다. 특히 한국처럼 미래학을 공부하는 사람이 거의 없는 실정에서 가장 시급한 문제일 수 있다.

이 사실에 대해 짐 데이토 하와이주립대 미래학 교수는 다음과 같이 경고한다.

"가장 시급한 것은 한국의 미래를 분석하고 예측할 국가부서를 만들어 전문성을 키우는 것이다. 미래를 스스로 예측하는 시각을 키우고 그 예측을 바탕으로 방향을 정하고 그 방향에 따라 전략을 수립해야 한다. 전략을 실행하기 위해 장기적인 안목으로 사회가치와 비전을 정책화할 수 있는 미래 전문가들이 정부조직 곳곳에 자리해야 한다."

– 신지은 외 「세계적 미래학자 10인이 말하는 미래혁명」 p.164 –

미래학 공부가 필요한 것은 20대뿐만이 아니다. 국가적 차원에서도 반드시 필요하다. 미래는 정해진 것이 아닌 가능성이다. 그런데 미래에 강자가 될 수 있는 사람은 미래를 가장 잘 아는 사람일 것이다. 이것이 미래학을 무시하면 안 되는 이유다. 짐 데이토 교수는 미래는 문화와 꿈을 생산하는 드림 소사이어티 시대가 될 것이라고 말한다. 그래서 그때는 전형적이고 표준적인 것보다 괴짜, 엉뚱한 것이 더 필요하고 정해진 틀 속에서 기준에 부합하는 것보다 창조와 감성, 문화가 필요한 시대라고 주장한다. 20대인 당신은 이런 사회변화를 미리 예측하고 창조적인 괴짜가 되어야 한다. 미래가 필요로 하는 인재는 스티브 잡스 같은 해적, 괴짜, 이단아다. 스티브 잡스는 이미 미래를 내다보고 있었던 것 같다.

당신이 스티브 잡스와 같은 인재가 되기 위해서는 반드시 미래를 먼저 내다보고 좀 더 앞서나가야 한다. 미래학을 공부하라. 최소한 미래학자들의 저서들을 누구보다 먼저 읽고 정리하는 것이 필요하다. 미래학자들이라고 해서 그들의 예측이 모두 똑같은 것은 절대 아니다. 그들의 다양한 예측을 정리하고 나열한 후 당신 생각에 가장 그럴 듯한 예측을 선택해 그 예측을 자신만의 생각과 공부로 변형시켜보라. 훌륭한 미래학 공부가 되고도 남을 것이다.

평범한 사람에게도 뇌 과학이 필요하다

누구보다 미래를 더 많이 살아갈 20대 청춘들은 반드시 뇌 과학을 공부해야 할 것 같다. 그 이유는 한 가지다. 인생을 바꾸고 싶다면 무엇보다 뇌를 알아야 하고 뇌를 바꾸어야 한다는 생각을 나름대로 가진 사람 중 한 명이기 때문이다. '뇌를 지배하는 사람이 세상을 지배한다.' 뇌를 많이 이해해야 뇌를 지배할 수 있고 뇌를 지배하는 사람이 세상을 지배할 수 있다고 생각하기 때문이다. 무엇보다 뇌 분야는 미개척 분야 중 가장 크고 아직 밝혀진 것이 별로 없는 분야라는 이유로 20대 청춘들에게 더 필요하다고 생각한다.

뇌를 잘 이해하면 인생을 좀 더 잘 살 수 있고 공부도 더 쉽게 잘 할 수 있고 사회적 성공도 더 잘 할 수 있고 더 건강하고 행복하게 살 수 있다고 생각하기 때문이다. 당신이 뇌에 집중하고 주목해야 하는 이유는 인간을 인간으로 만들어준 것이 바로 뇌이기 때문이다.

"인간은 다른 동물과 달리 자신을 변화시킬 능력이 있다. 전두엽(frontal lobe)을 통해 본능을 뛰어넘는 삶을 살 수 있는 것이다. 인간은 지구상 어느 종보다 진화하고 발달된 전두엽이 있다. 그래서 선택과 의지, 완전자각이라는 엄청난 잠재력이 생겼다. 한마디로 인간은 전두엽 덕분에 실수를 통해 배우고 더 나은 인생을 살 수 있다."

– 조 디스펜자 「꿈을 이룬 사람들의 뇌」 p.19~20 –

결국 인간은 뇌가 있기 때문에 배우고 공부하고 인류 문명을 발전시키고 첨단기계를 만들고 네트워크를 만들어 지구를 하나로 연결할 수 있었다는 것이다.

영국 임페리얼 칼리지 런던(Imperial College London)대 연구팀은 「세리브럴 코르텍스(Cerebral Cortex, 대뇌피질)」지 최신호에서 가라테 고수 12명과 체력이 좋은 초보자 12명의 펀치력을 비교해 고수들이 벽돌을 맨손으로 격파할 수 있는 비결은 육체적인 힘이 아니라 '뇌의 힘'에 있다는 연구 결과를 발표했다. 이처럼 신비한 뇌에 대해 무지한 사람보다 많이 알고 있는 사람이 당연히 인생을 더 잘 살 수 있게 된다는 것은 누구나 쉽게 예측할 수 있지 않을까? 습관의 중요성을 모르는 사람은 이제 없을 것이다. 그런데 이 습관이 어뗳게 습관이 되고 어떻게 나쁜 습관을 고치고 새로운 좋은 습관을 만들어낼 수 있는지에 대한 해답을 찾는다면 무엇보다 뇌 공부를 해야 한다는 사실을 알아야 한다. 습관을 만드는 원동력이 뇌라는 주장이 있기 때문이다. 모든 습관의 고리에는 뇌가 관련되어 있다고 찰스 두히그는 자신의 최신작에서 다음과 같이 설명한다.

> "MIT 연구진은 모든 습관에는 단순한 신경학적 고리가 있음을 밝혀냈다. 1장에서 보았듯이 신호-반복행동-보상 3개 부분으로 이루어진 고리다. 습관을 정확히 이해하려면 습관고리의 각 부분을 찾아내야 한다. 특정행동에 대한 습관고리를 찾아내야 새로운 반복행동으로 오래된 학습을 교체할 방법을 찾을 수 있기 때문이다."
>
> – 찰스 두히그 「습관의 힘」 –

인간의 생각, 행동, 습관, 반응은 모두 뇌와 관련 있다. 심지어 살인범의 살인행위, 우울증, 그 예방과 치료 모두 뇌와 관련짓는 경우가 늘고 있다. 결론적으로 뇌 과학 공부를 많이 해야 더 많은 것을 이해하고 당신의 삶에 적용할 수 있다는 것이다. 또한 뇌를 잘 알아야 공부를 더 효과적으로 할 수 있다는 사실도 밝혀졌다. 바로 이런 배경에서 필자는 뇌 과학 공부를 앞으로 더 큰 미래를 만들어 살아갈 20대인 당신에게 꼭 권하고 싶다. 한 가지 덧붙이면 20대를 지나 30대, 40대가 될수록 공부를 지속할 용기를 주는 말을 해주고 싶다. 많은 사람들이 공부도 때가 있고 머리가 굳으면 할 수 없다고 말하지만 그것은 인간의 뇌에 대한 무지에서 나온 말이다.

"인류 역사의 오랜 기간 동안 중년은 대부분 무시되었다. 탄생, 젊음, 노년, 죽음은 모두 나의 대우를 받아왔지만 중년은 무시될 뿐만 아니라 별개의 실체로 여겨지지도 않았다. 물론 충분히 이해할 수 있다. 삶이 가혹하고 짧은 탓에 중간에 할당할 시간이 없었던 것이다. 그리스 시대에 이르러 원숙함이 존경받았다. 그리스 시민들은 50세가 되어야 배심원이 될 수 있었다. 하지만 그리스 시대의 중년 연령대는 현재 중년 연령대의 근처에도 못 미친다. 무엇보다 그렇게 오래 사는 그리스인이 많지 않았다. 고대 그리스인의 평균 기대수명은 30세였다. 물론 지금은 모두 달라졌다. 1세기 전만 하더라도 약 47세였던 선진국의 평균수명이 현재는 78세에 달하는 등 인간수명이 늘어남에 따라 우리에게는 더 이상 걸음마를 배우는 아이를 쫓아다니지도 않고 휠체어를 타고 복도를 굴러다니지도 않는 긴 시간대가 생겼다. 그 전환과 함께 중년이 인정받았다. 중

년과 관련된 책들이 나오고 영화가 만들어지고 연구가 시
작되었다.”

한 마디로 가장 중요한 결정은 중년의 뇌에 맡기라고 바바
라 스트로치는 주장한다. 판단력, 종합적 능력, 어휘력, 직관,
통찰력은 중년의 뇌가 단연 최고라고 생각하기 때문이다.

심리학자가 아니더라도 심리학을 공부하라

왜 심리학을 공부해야 할까? 당신은 심리학자가 되거나
심리학 분야를 전공해 먹고 살 것도 아니다. 그런데 왜 심리
학을 공부해야 할까? 일단 심리학은 생각보다 재미있다고
말하고 싶다. 하지만 재미보다 더 중요한 사실은 당신이 앞
으로 무엇을 하더라도 사회생활을 할 때 생각보다 훨씬 더
많은 도움을 주는 학문이기 때문이다. 사회, 자본주의, 인간
관계, 성공, 부, 명예, 인기, 처세, 전략, 미래학 이 모든 것
이 어쩌면 인간심리와 행동을 토대로 복잡하게 엮이고 섞여
만들어내는 것이라고 생각한다. 특히 앞으로 본격적으로 사
회생활을 시작할 당신은 학창시절에 만나 알게 된 순수한

인간관계가 아닌 진짜 리얼한, 실리를 추구하는 전쟁터 같은 끔찍한 인간관계를 맺어야 한다. 그리고 그보다 더 중요한 사실은 당신이 맺은 직장과 사회의 인간관계를 통해 결국 당신의 성공과 실패, 사회적 지위가 결정된다는 사실이다. 이때 당신의 인간관계의 성패를 결정짓는 것은 당신의 생각, 반응, 심리, 행동이다. 똑같은 상황과 동료들 속에서도 어떤 사람은 처세를 매우 잘 하고 상대방과 잘 교감하고 공감을 탁월하게 이끌어내 실력이 부족해도 동료들 사이에서 많은 인기 덕분에 회사생활이 즐거운 사람들이 있다. 하지만 실력도 있고 열심히 일하지만 인간관계가 서툴러 회사생활이 지옥 같은 사람들도 적지 않다. 급기야 그들은 승진에서 탈락되고 왕따당하기도 한다.

당신은 직장에서 어떤 사람이 되고 싶은가? 그것을 결정하는 것 중 하나는 당신의 성격이 아니라 인간심리에 대한 철저한 이해와 공부일 것이다. 바로 이런 점에서 심리학을 공부하라고 말해주고 싶다. 심리학은 당신이 생각하는 것보다 훨씬 다양한 유익함이 있다. 천재들과 현인들이 평생 공부한 성과를 쉽게 배울 수 있는 것이 책이다. 심리학 서적은 오랫동안 심리를 공부하고 연구한 심리학자들의 성과를 쉽게 배울 수 있고 자기 것으로 만들어주는 최고의 도구다.

아이작 뉴턴은 '내가 남들보다 멀리 볼 수 있었던 것은 거인들의 어깨를 딛고 올라섰기 때문이다.'라고 말한 적 있다.

그런데 심리학을 공부하면 다른 거인들이 이미 오랫동안 공부한 것들을 고스란히 자기 것으로 받아들일 수 있고 거인의 어깨 위에서 세상과 사람들을 내려다볼 유리한 고지를 점하게 된다. 또한 심리학 공부를 통해 자신의 감정의 작동 원리를 이해해 감정을 잘 사용하는 법을 배우고 일상생활에서 감정에 휘둘려 저지를 수 있는 어리석은 행동을 예방할 수 있다. 그리고 자신의 감정을 잘 사용하고 관리하면 훨씬 더 일을 잘하고 더 집중하고 더 원만한 인간관계를 유지할 수 있게 된다.

인간은 혼자 살아갈 수 없는 존재다. 그래서 심리학이 반드시 필요하다. 좀 더 나은 삶을 위해 타인을 잘 이해할 수 있어야 하고 도움도 받아야 하기 때문이다. 그러려면 상대방의 마음을 읽을 줄 알아야 한다. 마음은 어떻게 움직이고 열등감은 어떻게 극복하고 타인의 권력욕과 명예욕은 어떤 것인지 잘 이해할수록 사회생활에서 성공할 수 있게 된다. 많은 돈을 벌고 사회적인 유명인사가 되고 성공하고 출세했는데도 왜 행복하지 않고 마음이 허전한지 그래서 극단적으로 자살을 선택하거나 도박하거나 마약을 찾는지 사람들의 심리를 잘 알게 된다면 당신은 최소한 그런 사람이 되진 않을 것이다. 하지만 인간심리를 제대로 이해하지 못 한다면 당신의 감정에 사로잡혀 우울증 환자가 될 수도 있다. 하지만 심리학 공부를 통해 고통과 근심, 절망과 우울증의 원인이 무엇이고 어떻게 균형을 잡아나갈지 안다면 좀 더 행복하게 살아가게 된다. 이것이 20대인 당신에게 심리학 공부를 추천하는 이유다.

서양 현인들의 독서법을 배워라

'책을 읽지 않는 사람은 단 한 번의 인생을 살지만 책을 읽는 사람은 여러 번의 인생을 산다.' 인기를 끌었던 「참을 수 없는 존재의 가벼움」의 저자인 체코 작가 밀란 쿤데라의 명언이다. 필자는 책을 통해 전혀 다른 제2의 인생을 살았다. 그렇다면 독서법은 어떤 것일까? 필자보다 서양 현인들의 독서법을 살펴보자. 일평생 「파우스트」를 비롯해 백 권 이상을 집필한 천재 작가 괴테는 독서법에 대해 다음과 같은 충격적인 말을 남겼다. "대부분의 사람들은 읽는 법을 배우는 데 시간이 오래 걸린다는 사실을 모른다. 나는 8년이 걸렸고 아직도 완전하다고 할 수 없다."

독서법의 중요성에 대해 「독서의 기술」의 저자 모티머 애들러는 또 이런 말도 했다. "모든 책은 빛이다. 다만 그 빛의 밝기는 읽는 사람이 발견하는 만큼 밝아질 수 있다. 결국 독자에 따라 빛나는 태양일 수도 있고 암흑일 수도 있다." 이어서 그는 매우 중요한 독서 기술에 대해 말했다. '독서는 일종의 대화'다.

"책을 읽는다는 것은 일종의 대화다. 아니, 독서는 저자가 일방적으로 지껄여 독자에게는 말 한 마디 참견할 여지가 없으므로 대화라고 할 수 없다고 생각할 사람도 있을지 모른다. 그러나 그것은 독자의 의무를 잘 모르기 때문이다. 모처럼 주어진 기회를 효과적으로 활용한다고 할 수 없다. 사실 최후의 판단을 내리는 것은 독자다. 저자는 말할 만큼 말했으므로 이번에는 독자 차례다. 책과 대화하는 독자는 상대방이 끝나길 기다려 발언하는 셈이므로 겉으로 보면 대화가 질서정연하게 진행되는 것처럼 보인다. 그러나 독자가 미숙하거나 무례하다면 대화는 절대로 제대로 진행되지 않는다. 유감스럽게도 저자는 자신의 처지를 변호할 수 없다. '반론은 끝까지 이야기를 듣고 하길 바란다.'라는 것은 허용되지 않는다. 독자가 오해하든 빗나간 방법으로 읽든 저자는 항의할 수도 없다."

- 모티머 애들러 「독서의 기술」 p.123~124 -

그의 말처럼 독서에 대한 일반대중의 가장 큰 착각은 이것이다. 글자를 알고 읽을 줄 아니까 책 읽는 법, 즉 올바른 독서법을 안다고 착각하는 것이다. 즉 말할 줄 아는 아이가 진정한 대화법을 모를 가능성이 크듯이 글만 읽을 줄 알고 이해할 수 있다고 생각하는 대부분의 일반 성인들은 제대로 독서법을 모른다는 것을 분명히 인식해야 할 것 같다. 천재 작가 괴테가 8년이나 걸려 독서법을 배웠다는 사실을 명심하자. 가장 나쁜 독서법은 글자를 기계적으로 읽는 것이다. 자, 그렇다면 서양 현인들을 대표해 독서법에 대해 한마디로 가르쳐줄 인물은 과연 누구일까? 바로 아인슈타인이다. 그는 이렇게 말했다. "진정한 독서는 훈련을 통해 몸을 단련하듯 연습을 통해 생각을 강화시키는 것이다." 그런데 100년 장수기업 IBM의 창립자 토마스 왓슨은 '생각하라(Think)', 인류에게 스마트폰 시대를 열어준 혁신가 스티브 잡스는 '다르게 생각하라(Think different)', 빌 게이츠는 1년에 두 차례 일주일 동안 '생각 주간(Think Week)'을 주장하고 실천하고 있다.

「꿀벌과 게릴라」의 저자 게리 해멀은 자신의 저서에서 '1990년대 초 적자에 허덕이던 IBM을 살린 것은 기술이나 지식이 아닌 혁신적인 생각'이었다고 주장했다. 결론은 '독서는 무엇보다 생각하는 힘을 기르는 것'이고 그렇기 때문에 제대로 된 독서법은 '대화하고 생각하는 것'이라고 생각한다. 하지만 좀 더 구체적인 방법론에서 당신은 영국 고전 경험론의 창시자 베이컨의 독서법을 배워야 할 것 같다. "어떤 책은 맛만 볼 것이고 어떤 책은 통째로 삼켜버릴 것이며 어떤 책은 잘근잘근 씹어 소화시켜야 할 것이다." 한 마디로 '책에 따라 독서법을 다르게 하라'라는 것이다. 그리고 명심할 것은 책을 읽으면 읽을수록 독서력은 기하급수적으로 강해진다는 사실이다.

서양 현인들의 독서법에 대해 한 가지 더 말하고 싶은 것은 헤르만 헤세의 독서법이다. "책을 통해 자신을 도야하고 정신적으로 성장하는 데는 오직 하나의 원칙과 길이 있다. 그것은 읽는 글에 대한 경의, 이해하려는 인내, 수용하고 경청하려는 겸손함이다." 헤르만 헤세가 자신의 저서 「헤르만 헤세의 독서의 기술」에서 한 말이다. 정말 멋진 독서법인 동시에 훌륭한 독서 자세에 대한 표현 같다.

중국 현인들의 평생공부법을 배워라

중국의 현인 공자, 맹자, 사마천, 제갈량, 노신, 모택동까지 공부를 통해 중국을 움직이고 이끈 중국의 공부 대가들의 평생공부법에 대한 「현자들의 평생공부법」을 보면 공부하는 사람들에게 너무 유익한 내용들이 많아 놀라지 않을 수 없다. 다만 왜 한국인의 조상인 조선시대 선비들의 평생공부법을 잘 정리한 책은 없는데 중국 현인들의 공부법 책이 먼저 나왔는지 잠시 의구심이 들 뿐이다. 이 책에는 중국 현인들의 다양한 공부법이 나온다. 그 중 가장 중요한 3가지를 소개한다.

첫 번째 공부법은 '생각하는 공부'다.

"내공이 깊은 독서인치고 생각을 강조하지 않는 사람은 없다. 사마천은 '배우는 것을 좋아하고 생각을 깊이 하면 마음으로 그 뜻을 알게 된다.'라는 명언을 남겼다. 공자는 공부와 생각을 관련지어 '배우고 생각하지 않으면 어둡고 생각만 하고 배우지 않으면 위태롭다.'라고 했다. 한유는 '생각이 행동을 결정한다.'라고 말해 배움과 생각, 실천에 이르는 공부의 심화 단계를 절묘하게 지적했다."

– 김영수 「현인들의 평생공부법」 p.36 –

한국 학생들에게 가장 부족한 공부가 바로 이것 아닐까? 생각하는 공부는 중국 현인들의 공부법을 통해 우리가 반드시 배워야 할 공부다. 바꿔 말하면 생각하는 공부는 의문을 품고 질문할 줄 아는 공부일 것이다. 그리고 창조와 위대한 발견과 발명 모두 의문을 품는 공부에서 비롯된다고 저자는 말한다.

"진정한 독서는 책을 읽어 지식을 습득하는 데서 끝나지 않는다. 읽어서 습득한 지식에 대해 깊이 생각하고 의문을 품을 줄 알아야 한다. 그래도 의문이 풀리지 않으면 문제를 제기해야 한다. 인류의 모든 위대한 발견과 발명, 창조는 의문을 품는 데서 비롯되었다. 창조는 질문을 던지는 데서 시작된다."

– 김영수 「현인들의 평생공부법」 p.36 –

두 번째 공부법은 '언제 어디서든 책을 들고 다니면서 틈만 나면 공부하는 것'이다.

"송나라의 유명 문장가 구양수는 자신이 평생 지은 문장의 상당수를 말 위, 베개 맡, 화장실에서 구상했다고 한다. 같은 송나라 때 사람인 동분은 「한연상담」에서 이것을 '삼상(三上)', 즉 마상(말 위), 침상(잠자리), 측상(화장실)이라고 했다. 재미있으라고 한 말이지만 구양수라는 걸출한 문학가가 시간을 얼마나 소중히 여기며 독서했는지 엿볼 수 있는 일화다."

– 김영수 「현인들의 평생공부법」 p.22~23 –

이런 공부법은 중국의 현인들뿐만 아니라 정말로 공부를 좋아하고 공부를 많이 한 사람이라면 모두 해본 공부법일 것이다. 전쟁터에서도 공부에 소홀하지 않았던 위인들을 쉽게 찾아볼 수 있다. 충무공 이순신 장군도 임진왜란 중 틈틈이 공부하고 자신을 성찰하며 왜적을 깊이 연구했다. 프랑스 나폴레옹도 전쟁터까지 책을 가져와 공부했고 세종대왕은 식사 때도 좌우에 책을 펴놓고 공부했다.

세 번째로 추천하고 싶은 공부법은 모택동이 실제로 실천했던 '사다(四多) 공부법'이다. 즉 많이 읽고 쓰고 생각하고 질문하는 공부법이다. 다독(多讀), 다사(多寫), 다상(多想), 다문(多問)이다. 사다 중 많은 사람들이 특히 간과하는 부분은 '많이 쓰는 공부'다. 현대는 노트북과 스마트폰의 보급으로 손으로 직접 글을 쓸 기회가 많이 줄어든 것이 사실이다. 하지만 노트에 직접 필기하는 공부법을 절대로 게을리 하면 안 된다. 모택동은 스승으로부터 '붓을 움직이지 않는 독서는 독서가 아니다'라는 공부 습관을 익혔다. 그가 거대 중국을 이끌게 해준 공부 비결은 '쓰는' 공부법이었다고 생각한다. 물론 4가지 모두 중요한 것은 두말하면 잔소리다.

작가 지망생들에게 꼭 해주고 싶은 말이 있다. 많이 쓰기보다 먼저 많이 읽어야 한다. 중국의 시성 두보는 이렇게 말했다. '독서파만권 하필여유신'. '만 권의 책을 읽으면 글쓰기가 신의 경지에 이른다.' 제대로 공부하려는 사람도 다르지 않다. 많이 읽고 많은 것을 받아들여야 많이 성장할 수 있다. 중국의 시성이 강조한 다독을 서양 철학자 장 폴 사르트르도 강조했다. 그는 '인생을 포함해 많은 것을 변화시키고 싶다면 먼저 많은 것을 받아들여야 한다.'라고 주장했다. 결론은 분명하다. 먼저 많은 책을 읽고 간접경험을 많이 하고 많은 사고와 견해를 받아들여 의식과 사고를 향상시켜야 한다. 이것이 진짜 공부다.

조선시대 선비들의 평생공부법을 배워라

자! 지금까지 서양과 중국 현인들의 평생공부법에 대해 살펴보았다. 그렇다면 지금부터는 자랑스러운 우리 조상인 조선시대 선비들의 평생공부법에 대해 알아보자. 아마도 이 공부법은 여러분의 피부에 와 닿을 것이다. 무엇보다 이 땅에 살았던 우리 선조들이 실제로 체험했던 토종 공부법이기 때문이다. 선비들의 평생공부법에 대한 필자의 책 내용 중에서 공부법 내용을 간단히 소개한다. 조선시대 선비들의 더 풍부하고 다양하고 깊이 있는 공부법을 알고 싶은 독자들은 필자가 쓴 책을 참조하기 바란다.

다산 정약용은 18년 동안 유배지 제주도에서 무려 5백 권 이상을 저술한 공부의 신이자 저술의 신이었다. 매년 평균 28권을 저술한 셈이다. 도대체 어떻게 뛰어난 공부 결과를 만들어 그렇게 많은 책을 세상에 낼 수 있었을까? 그의 남다른 공부법은 '초서법'이다.

"책의 내용을 가려 뽑는 방법(초서)은 나의 학문에 주관이 먼저 확립된 후, 옳고 그름을 판단할 수 있는 저울이 마음속에 있어서 취사 선택이 어렵지 않은 것이다. 지난번에 학문의 요령을 말해주었는데 필시 네가 잊은 게로구나. 그렇지 않다면 무엇 때문에 책의 내용을 가려 뽑는 것을 의심해 이런 질문을 하였느냐? 책 한 권을 읽을 때는 항상 학문에 보탬이 될 만한 대목을 뽑아 모으고 그렇지 않은 것은 눈을 붙이지 말아야 한다. 그렇게 한다면 백 권도 열흘이면 충분할 것이다."

- 김건우 「옛사람 59인의 공부 산책」 p.162 -

작가 지망생들이 쉽게 사용하는 훈련법 중 하나가 책을 처음부터 끝까지 베껴 쓰는 필사다. 하지만 다산 선생은 필사와 조금 다른 초서법을 사용했다. 초서는 책의 모든 내용을 무조건 베끼는 것이 아니라 중요한 대목만 뽑아 메모하고 기록하는 것이다. 지식과 정보의 홍수시대에 다산 선생의 초서법이 더 주목받는 것은 그것이 다양한 분야를 폭넓게 공부하는 사람에게 매우 유용한 공부법이기 때문이다. 지금처럼 지식과 정보가 쏟아져 나오는 시대에 중요하고 필요한 부분만 뽑아 정리하는 공부법은 매우 중요한 공부법이다.

세종대왕의 공부법은 무엇이었을까? 독창적인 한글을 창제한 그의 공부 성과는 정말 대단했다. 그의 공부법은 '백독백습'이다. 백 번 반복해 읽고 백 번 쓰는 공부법이다. 이 두 분의 공통점은 직접 손을 움직여 필기하고 정리하는 공부법이다. 그렇기 때문에 메모하고 기록하고 필기하는 공부법을 조선시대 선비들의 대표적인 공부법이라고 말하고 싶다.

명재 윤증 선생도 '기록'하는 공부인 차기공부(箚記工夫)를 강조했다. 남명 조식과 화담 서경덕은 모두 '공부란 궁극적으로 사물을 연구하는 것'으로 깊이 생각하고 사색하는 공부를 강조했다. 퇴계 이황은 공부는 거울을 닦는 것과 같으므로 쉬지 않고 반복해야 한다고 말했다. 그래서 당연히 그의 공부는 오랫동안 하는 구원공부(久遠工夫)였고 힘들수록 부지런해야 하는 근고공부(勤苦工夫)였다.

율곡 이이의 공부법은 자경문으로 마음을 다잡고 스스로 해나가는 공부였다. 혜강 최한기 선생은 출세보다 공부 자체에 열정을 갖고 공부를 좋아했다. 담헌 홍대용 선생은 입이 아닌 마음으로 읽는 독서와 공부를 강조했다. 그는 마음을 다잡기 위해 책을 읽거나 공부할 때 몸가짐을 바로 하는 것을 중시했다. 윤증 선생은 행함이 없는 공부는 공부가 아니며 언제 어디서든 쉬지 않고 해야 한다면서 '큰 사람'이 되는 공부를 강조했다. 성호 이익은 자만심을 경계하고 날마다 새롭게 되는 공부를 강조했다. 화담 서경덕은 공부하면 누구나 성인이 될 수 있다고 주장했고 독서보다 사색을 통한 공부를 강조했다. 공부법과 함께 조선시대 선비 중 가장 인상에 남는 독서법을 실천한 분으로 백곡 김득신 선생을 빼놓을 수 없다. 그는 억 만 번 읽고 또 읽어 결국 일가를 이루고 이름을 남긴 학자였다.

그와 함께 쌍벽을 이루는 독서의 대가는 '간서체'로 유명한 청정관 이덕무였다. 그는 평생 2만 권 이상을 읽고 남들보다 더 엄격히 규율을 지키며 공부한 학자였다. 또 빼놓을 수 없는 인물이 바로 혜강 최한기 선생이다. 그는 출세보다 공부를 선택했고 과거의 전통적인 학문보다 미래를 선택한 학자였다. 놀랍게도 그는 1천 권을 집필한 조선 최고의 선비였다. 조선시대 선비들의 대표적인 공부 비법과 특징을 정리하면 다음과 같다.

* 메모하고 기록하고 필기하는 공부를 하라.
                              – 다산 정약용, 명재 윤증, 세종대왕 –
* 깊이 생각하고 궁리하는 공부를 하라.
                              – 남명 조식, 화담 서경덕, 다산 정약용 –
* 반복해 읽고 습득하는 공부를 하라.
                              – 세종대왕, 성호 이익, 퇴계 이황 –

* 입이 아닌 마음으로 읽고 공부하라.

　　　　　　　　　　　　　 － 담헌 홍대용, 퇴계 이황, 율곡 이이 －

* 중요한 대목은 암기하고 체득하는 공부를 하라.

　　　　　　　　　　　　　　　　　　　 － 담헌 홍대용 －

* 언제 어디서든 쉼 없는 공부를 하라.

　　　　　　　　　　　　　　　 － 명재 윤증, 퇴계 이황 －

* 진리 탐구에 그치지 말고 실천하는 공부를 하라.

　　　　　　　　　　　　 － 명재 윤증, 담헌 홍대용, 남명 조식 －

* 세상에 도움을 주고 편안케 하는 공부를 하라.

　　　　　　　　　　　　　　　 － 성호 이익, 연암 박지원 －

* 말을 적게 하고 자랑하기 위한 공부를 경계하라.

　　　　　　　　　　　　　 － 담헌 홍대용, 퇴계 이황, 율곡 이이 －

* '큰 사람'이 되는 공부를 하라.

　　　　　　　　　　　　 － 명재 윤증, 율곡 이이, 화담 서경덕 －

　위의 다양한 방법들 중 자신에게 가장 적합한 공부법을 선택한 후, 그대로 따라하지 말고 자신만의 독특한 공부법으로 발전시켜 나가야겠다.

에필로그

공부를 멀리하는 것은
인생 최대의 낭비이자 실수다

 20대 청춘들의 미래를 결정짓는 것은 성공이나 부가 아닌 매일매일의 생각과 행동들이다. 그리고 그 생각과 행동들을 결정짓는 것은 당신이 20대 때 해놓은 진짜 공부다. 필자가 좋아하는 시 한 편을 소개한다.

       [할 수 있다고 생각하는 사람]
패배한다고 생각하면 패배한다.
용기가 없어 도저히 할 수 없다고 생각하면 절대로 못 할 것이다.
성공하고 싶지만 성공할 수 없다고 생각하면 절대로 성공하지 못 할 것이다.

실패할 것이라고 생각하면 이미 실패한 것이다.

이 세상의 성공은 자신의 의지에서 비롯되며 온전히 자신의 생각 속에 있기 때문이다.

자신이 뛰어나다고 생각하면 뛰어나게 될 것이다.

높이 오르려면 높이 생각해야 하듯이 성공을 거머쥐려면 자신을 먼저 믿어야 한다.

삶이라는 전투에서 더 강하거나 빠른 사람에게 항상 승리가 주어지는 것은 아니다. 최후의 승자는 반드시 승리할 수 있다고 생각하는 사람인 것이 틀림없다.

– 월터 D. 윈틀, 출처: 유연 「천국으로 가는 시」 –

이 시에서 당신이 배워야 할 것은 오직 한 가지다. '승리하는 자는 강한 자도 아니고 재빠른 자도 아니라 승리할 수 있다고 생각하는 자'라는 사실이다. 물론 이 말이 100% 필자를 감동시키진 않는다. 그럼에도 불구하고 이 말에 주목하고 이 시를 좋아하는 것은 우리의 생각은 결국 우리가 보고 읽고 느끼고 배운 것의 총체적 결과물이기 때문이다. 그 중에서도 직접적인 영향을 주는 것은 수동적으로 학습한 것이 아니라 스스로 능동적으로 읽고 공부한 것이다. 자발적으로 어떤 공부를 했는가에 따라 당신의 생각은 절대적으로 바뀌고 인생도 바뀐다. 공부하지 않으면 어제까지 했던 낡은 생각 속에 갇혀 평생 살게 된다. 진짜 공부는 당신이 평생 인생의 주인으로 잘 살아나가기 위해 반드시 필요한 디딤돌이다. 세상에서 가장 강한 사람은 자신의 생각과 감정을 극복한 사람이며 그보다 더 강한 사람은 자신의 생각을 계속 확장시킬 줄 아는 사람이다. 생각이 성장할수록 당신의 삶도 성장할 수밖에 없기 때문이다. 이런 점에서 공부는 해도 되고 안 해도 되는 것이 아니라 반드시 해야 하는 것이다. 공부해야 자신의 생각 틀 속에 갇히지 않는다. 자신의 생각을 계속 확장시켜나갈 수만 있다면 구글의 알파고처럼 어제의 자신을 매일 뛰어넘어 더 나은 존재가 될 수 있다. 인간의 위대함은 바로 여기에 있다. 스스로 배우고 공부해 자체적으로 성장가능한 것이다. 그런 점에서 이 위대한 학습 기능인 공부를 하지 않고 살아간다는 것은 말할 수 없는 인생 최대의 낭비이자 실수다.

| 저자소개 |

삼성전자에서 10년 이상 연구원으로, 6시그마 전문가, IT 전문가로 활동하며 직장생활을 했다. 그 후 3년 동안 책만 읽으며, 1년에 10권 이상의 책을 출간하는 작가로 변신했다. 지금은 자신처럼 작가가 되고자 하는 사람들의 꿈을 이루어 주는 '저자되기 프로젝트'를 운영하면서 3개월 만에 평범한 사람들을 작가로 바꾸어주고 있다. 또한 '변화를 만들지 못하는 독서'에서 벗어나기 위해 저자가 경험한 독서 임계치를 함께 체험해보는 '독서혁명 프로젝트'를 운영하고 있다. 이 프로젝트는 스스로의 가치를 높여 새로운 인생을 살 수 있는 기회를 제공하기 위해 개설한 열린 개인 대학 '김병완 College'를 통해 현재 활발히 진행되고 있다.

지난 3년 동안『김병완의 초의식 독서법』,『나는 도서관에서 기적을 만났다』,『오직 읽기만 하는 바보』,『기적의 인문학 독서법』, 『인생을 바꾸는 기적의 글쓰기』, 『선비들의 평생 공부법』, 『김병완의 책 쓰기 혁명』 등 총 60여 권의 책을 출간했다. 그 중 몇몇 책들은 국내 베스트셀러는 물론, '2013년 문화체육관광부 우수교양도서'와 2012~2014년 3년 연속 '국립중앙도서관에서 이용자들이 가장 많이 읽은 책'에 선정되기도 했다. 또 중국 해외 정치인 분야 베스트셀러, 경영자 조찬 모임에서 가장 많이 선정된 책 등도 나왔다.

전국 대학교와 대기업을 비롯해 관공서와 기업체, 각 사회단체 및 방송을 통해서 수많은 강연을 진행했다. 특히 EBS FM 라디오 프로그램 '김병완의 고전불패'를 통해 많은 시청자들로부터 사랑을 받았다. 지금은 집필과 강연 그리고 김병완 College를 통해 인간의 가치를 높이는 데 힘을 집중하고 있으며 (주)한국퀀텀리딩센터를 건립하여 작가의 꿈을 꾸는 사람들을 도와 실제로 작가가 되게 해주는 '저자 되기 프로젝트'와 한국을 독서 강국으로 도약시키기 위해 3년 만권 독서, 3년 60권 출간의 베스트셀러 작가가 직강하는 강력한 독서법인 '퀀텀 리딩'을 전수해주는 '독서 혁명 프로젝트'를 야심차게 운영하고 있다.

대한민국 넘버 원 책쓰기 / 독서법 학교인 '김병완 칼리지'는 네이버 카페 http://cafe.naver.com/collegeofkim 에서 만날 수 있다.

진성북스
도서목록

사람이 가진 무한한 잠재력을 키워가는 **진성북스**는
지혜로운 삶에 나침반이 되는 양서를 만듭니다.

도서목록

앞서 가는 사람들의 두뇌 습관
스마트 싱킹

아트 마크먼 지음 | 박상진 옮김
352쪽 | 값 17,000원

숨어 있던 창의성의 비밀을 밝힌다!

인간의 마음이 어떻게 작동하는지 설명하고, 스마트해지는데 필요한 완벽한 종류의 연습을 하도록 도와준다. 고품질 지식의 습득과 문제 해결을 위해 생각의 원리를 제시하는 인지 심리학의 결정판이다! 고등학생이든, 과학자든, 미래의 비즈니스 리더든, 또는 회사의 CEO든 스마트 싱킹을 하고자 하는 누구에게나 이 책은 유용하리라 생각한다.

● 조선일보 등 주요 15개 언론사의 추천
● KBS TV, CBS방영 및 추천

나의 잠재력을 찾는 생각의 비밀코드
지혜의 심리학

김경일 지음
302쪽 | 값 15,000원

창의적으로 행복에 이르는 길!

인간의 타고난 심리적 특성을 이해하고, 생각을 현실에서 실행 하도록 이끌어주는 동기에 대한 통찰을 통해 행복한 삶을 사는 지혜를 명쾌하게 설명한 책. 지혜의 심리학을 선택한 순간, 미래의 밝고 행복한 모습은 이미 우리 안에 다가와 가뿐히 자리잡고 있을 것이다. 수많은 사기계발서들 넘고도 성장의 목표를 이루지 못한 사람들의 필독서!

● OtvN 〈어쩌다 어른〉 특강 출연
● KBS 1TV 아침마당〈목요특강〉 "지혜의 심리학" 특강 출연
● YTN사이언스 〈과학, 책을 만나다〉 "지혜의 심리학" 특강 출연
● 2014년 중국 수출 계약 | 포스코 CEO 추천 도서

세계 초일류 기업이 벤치마킹한 성공전략 5단계
승리의 경영전략

AG 래플리, 로저마틴 지음 | 김주권, 박광태, 박상진 옮김
352쪽 | 값 18,500원

전략경영의 살아있는 메뉴얼

가장 유명한 경영 사상가 두 사람이 전략이란 무엇을 위한 것이고, 어떻게 생각해야 하며, 왜 필요하고, 어떻게 실천해야 할지 구체적으로 설명한다. 이들은 100년 동안 세계 기업회생 역사에서 가장 성공적이라고 평가 받고 있을 뿐 아니라, 직접 성취한P&G의 사례를 들어 전략의 핵심을 강조하고 있다.

● 경영대가 50인(Thinkers 50)이 선정한 2014 최고의 책
● 탁월한 경영자와 최고의 경영 사상가의 역작
● 월스트리스 저널 베스트 셀러

백만장자 아버지의 마지막 가르침
인생의 고난에 고개 숙이지 마라

마크 피셔 지음 | 박성관 옮김 | 307쪽 | 값 13,000원

아버지와 아들의 짧지만 아주 특별한 시간

눈에 잡힐 듯 선명한 성공 가이드와 따뜻한 인생의 멘토가 되기 위해 백만장자 신드롬을 불러 일으켰던 성공 전도사 마크 피셔가 돌아왔다. 실의에 빠진 모든 이들을 포근하게 감싸주는 허그 멘토링! 인생의 고난을 헤쳐가며 각박하게 살고 있는 청춘들에게 진정한 성공이 무엇인지, 또 어떻게 하면 그 성공에 도달할 수 있는지 감동적인 이야기를 통해 들려준다.

● 중앙일보, 동아일보, 한국경제 추천 도서
● 백만장자 시리즈의 완결판

감성의 시대, 왜 다시 이성인가?
이성예찬

마이클 린치 지음 | 최훈 옮김
323쪽 | 값 14,000원

세계적인 철학 교수의 명강의

증거와 모순되는 신념을 왜 믿어서는 안 되는가? 현대의 문학적, 정치적 지형에서 욕설, 술수, 위협이 더 효과적인데도 왜 합리적인 설명을 하려고 애써야 하는가? 마이클 린치의 '이성예찬'은 이성에 대한 회의론이 이렇게 널리 받아들여지는 시대에 오히려 이성과 합리성을 열정적으로 옹호한다.

● 서울대학교, 연세대학교 저자 특별 초청강연
● 조선, 중앙, 동아일보, 매일경제, 한국경제 등 특별 인터뷰

"이 검사를 꼭 받아야 합니까?"
과잉진단

길버트 웰치 지음 | 홍영준 옮김
391쪽 | 값 17,000원

병원에 가기 전 꼭 알아야 할 의학 지식!

과잉진단이라는 말은 아무도 원하지 않는다. 이는 걱정과 과잉진료의 전조일 뿐 개인에게 아무 혜택이 없다. 하버드대 출신의사인 저자는, 의사들의 진단욕심에 비롯된 과잉진단의 문제점과 과잉진단의 합리적인 이유를 함께 제시함으로써 질병예방의 올바른 패러다임을 전해준다.

● 한국출판문화산업 진흥원 「이달의 책」 선정도서
● 조선일보, 중앙일보, 동아일보 등 주요 언론사 추천

불꽃처럼 산 워싱턴 시절의 기록
최고의 영예
콘돌리자 라이스 지음 | 정윤미 옮김
956쪽 | 값 25,000원

세계 권력자들을 긴장하게 만든 8년간의 회고록
"나는 세계의 분쟁을 속속들이 파악하고 가능성의 미학을 최
대한 적용했다. 현실을 직시하며 현실적인 방안을 우선적으
로 선택했다. 이것은 수년간 외교 업무를 지휘해온 나의 업무
원칙이었다. 이제 평가는 역사에 맡겨 두어야 한다. 역사의
판단을 기꺼이 받아 들일 것이다. 적어도 내게 소신껏 행동할
수 있는 기회가 주어진 것에 감사할 따름이다."

● 제 66대 최초 여성 미 국무 장관의 특별한 자서전
● 뉴욕타임스, 워싱턴포스트, 월스트리트 저널 추천 도서

색다른 삶을 위한 지식의 향연
브레인 트러스트
가스 선뎀 지음 | 이현정 옮김
350쪽 | 값 15,000원

재미있고 행복하게 살면서 부자 되는 법!
노벨상 수상자, 미국 국가과학상 수상자 등 세계 최고의 과학
자들이 들려주는 스마트한 삶의 비결. 일상에서 부딪히는 다
양한 문제에 대해서 신경과학, 경제학, 인류학, 음악, 수학 등
여러 분야의 최고 권위자들이 명쾌하고 재치있는 해법을 제
시하고 있다. 지금 당장 93인의 과학자들과 함께 70가지의 색
다른 지식에 빠져보자!
● 즐거운 생활을 꿈꾸는 사람을 위한 책
● 93인의 과학자들이 제시하는 명쾌한 아이디어

학대와 고난, 극복과 사랑 그리고 승리까지
감동으로 가득한 스포츠 영웅의 휴먼 스토리
오픈
안드레 애거시 지음 | 김현정 옮김 | 614쪽 | 값 19,500원

시대의 이단아가 던지는 격정적 삶의 고백!
남자 선수로는 유일하게 골든 슬램을 달성한 안드레 애거시.
테니스 인생의 정상에 오르기까지와 파란만장한 삶의 여정이
서정적 언어로 독자의 마음을 자극한다. 최고의 스타 선수는
무엇으로, 어떻게, 그 자리에 오를 수 있었을까? 또 행복하지만
은 않았던 그의 테니스 인생 성장기를 통해 우리는 무엇을 배
울 수 있을까. 안드레 애거시의 가치관과 생각을 읽을 수 있다.

● Times 등 주요 13개 언론사 극찬, 자서전 관련분야 1위 (아마존)
● "그의 플레이를 보며 나는 꿈을 키웠다!" – 국가대표 테니스 코치
이형택

앞서 가는 사람들의 두뇌 습관
스마트 싱킹

아트 마크먼 지음
박상진 옮김 | 352쪽
값 17,000원

보통 사람들은 지능이 높을수록 똑똑한 행동을 할 것이
라 생각한다. 하지만 마크먼 교수는 연구를 통해 지능
과 스마트한 행동의 상관관계가 그다지 크지 않음을 증
명한다. 한 연구에서는 지능검사 결과 높은 점수를 받
은 아이들을 35년 동안 추적하여 결국 인생의 성공과 지
능지수는 그다지 상관없다는 사실을 밝히기도 했다. 중
요한 것은 스마트한 행동으로 이끄는 것은 바로 '생각의
습관'이라는 것이다. 스마트한 습관은 정보와 행동을 연
결해 행동을 합리적으로 수행하도록 하는 일관된 변환
(consistent mapping)으로 형성된다. 곧 스마트 싱킹은 실
천을 통해 행동으로 익혀야 한다는 뜻이다. 스마트한 습
관을 창조하여 고품질 지식을 습득하고, 그 지식을 활용
하여 새로운 문제를 창의적으로 해결해야 스마트 싱킹이
가능한 것이다. 그러려면 끊임없이 '왜'라고 물어야 한다.
'왜'라는 질문에서 우리가 얻을 수 있는 것은 사물의 원
리를 설명하는 인과적 지식이기 때문이다. 스마트 싱킹
에 필요한 고품질 지식은 바로 이 인과적 지식을 통해 습
득할 수 있다. 이 책은 일반인이 고품질 지식을 얻어 스마
트 싱킹을 할 수 있는 구체적인 방법을 담고 있다. 예를
들어 문제를 글로 설명하기, 자신에게 설명해 보기 등 문
제해결 방법과 회사와 가정에서 스마트한 문화를 창조하
기 위한 8가지 방법이 기술되어 있다.

● 조선일보 등 주요 15개 언론사의 추천
● KBS TV, CBS방영 및 추천

도서목록

새로운 시대는 逆(역)으로 시작하라!
콘트래리언
이신영 지음 | 408쪽 | 값 17,000원

위기극복의 핵심은 역발상에서 나온다!
세계적 거장들의 삶과 경영을 구체적이고 내밀하게 들여다본 저자는 그들의 성공핵심은 많은 사람들이 옳다고 추구하는 흐름에 '거꾸로' 갔다는 데 있음을 발견했다. 모두가 실패를 두려워할 때 도전할 줄 알았고, 모두가 아니라고 말하는 아이디어를 성공적인 아이디어로 발전시켰으며 최근 15년간 3대 악재라 불린 위기 속에서 기회를 찾고 성공을 거뒀다.

● 한국출판문화산업 진흥원 '이달의 책' 선정도서
● KBS1 라디오 〈오한진 이정민의 황금사과〉 방송

백 마디 불통의 말, 한 마디 소통의 말
당신은 어떤 말을 하고 있나요?
김종영 지음 | 248쪽 | 값 13,500원

리더십의 핵심은 소통능력이다. 소통을 체계적으로 연구하는 학문이 바로 수사학이다. 이 책은 우선 사람을 움직이는 힘, 수사학을 집중 조명한다. 그리고 소통의 능력을 필요로 하는 우리 사회의 리더들에게 꼭 필요한 수사적 리더십의 원리를 제공한다. 더 나아가서 수사학의 원리를 실제 생활에 어떻게 적용할 수 있는지 일러준다. 독자는 행복한 말하기와 아름다운 소통을 체험할 것이다.

● SK텔레콤 사보 〈Inside M〉인터뷰
● MBC라디오 〈라디오 북 클럽〉 출연
● 매일 경제, 이코노믹리뷰, 경향신문 소개
● 대통령 취임 2주년 기념식 특별연설

실력을 성공으로 바꾸는 비결
리더의 존재감은 어디서 오는가
실비아 앤 휴렛 지음 | 황선영 옮김
308쪽 | 값 15,000원

이 책은 조직의 사다리를 오르는 젊은 직장인과 리더를 꿈꾸는 사람들이 시급하게 읽어야 할 필독서이다. 더이상 서류상의 자격만으로는 앞으로 다가올 큰 기회를 잡을 수 없다. 사람들에게 자신감과 신뢰성을 보여주는 능력, 즉 강력한 존재감이 필요하다. 여기에 소개되는 연구 결과는 읽을거리가 많고 생생한 이야기와 신빙성 있는 자료로 가득하다. 실비아 앤 휴렛은 이 책을 통해 존재감을 완벽하게 드러내는 비법을 전수한다.

● 이코노믹리뷰 추천도서　● 저자 싱커스50

10대들을 위한 심리 에세이
띵똥 심리학이 보낸 톡
김가현, 신애경, 정수경, 허정현 지음
195쪽 | 값 11,000원

이 책은 수많은 사용 설명서들 가운데 하나이다. 대한민국의 학생으로 살아가는 여러분의 사용 설명서이기도 하다. 오르지 않는 성적은 우리 내면의 어떤 문제 때문인지, 어떤 버튼을 누르면 되는지, 매일매일 일어나는 일상 속에 숨겨진 버튼들을 보여 주고자 한다. 책의 마지막 장을 덮은 후에는 당신의 삶에도 버튼이 보이기 시작할 것이다.

● 저자 김가현 - 미국 스탠퍼드 대학교 입학
● 용인외고 여학생 4명이 풀어 놓는 청춘의 심리와 그 해결책!

비즈니스 성공의 불변법칙
경영의 멘탈모델을 배운다!
퍼스널 MBA
조쉬 카우프만 지음 | 이상호, 박상진 옮김
756쪽 | 값 25,000원

"MASTER THE ART OF BUSINESS"
비즈니스 스쿨에 발을 들여놓지 않고도 자신이 원하는 시간과 적은 비용으로 비즈니스 지식을 획기적으로 높이는 방법을 가르쳐 주고 있다. 실제 비즈니스의 운영, 개인의 생산성 극대화, 그리고 성과를 높이는 스킬을 배울 수 있다. 이 책을 통해 경영학을 마스터하고 상위 0.01%에 속하는 부자가 되는 길을 따라가 보자.

● 아존 경영 & 리더십 트레이닝 분야 1위
● 미국, 일본, 중국 베스트 셀러
● 경영 명저 100권을 녹여 놓은 책

무엇이 평범한 사람을 유명하게 만드는가?
폭스팩터
앤디 하버마커 지음
곽윤정, 이현응 옮김 | 265쪽 | 값 14,000원

무의식을 조종하는 매혹의 기술
오제이 심슨, 오펜하이머, 폴 포츠, 수전 보일… 논리가 전혀 먹혀 들지 않는 이미지 전쟁의 세계. 이는 폭스팩터가 우리의 무의식을 교활하게 점령하고 있기 때문이다. 1%셀러브리티들의 전유물처럼 여겨졌던 행동 설계의 비밀을 일반인들도 누구나 배울 수 있다. 전 세계 스피치 전문가를 매료시킨 강력한 커뮤니케이션기법소통으로 고민하는 모든 사람들에게 강력 추천한다.

● 폭스팩터는 자신을 드러내기 위해 반드시 필요한 무기
● 조직의 리더나 대중에게 어필하고자 하는 사람을 위한 필독서

새로운 리더십을 위한 지혜의 심리학
이끌지 말고 따르게 하라

김경일 지음 | 324쪽 | 값 15,000원

이 책은 '훌륭한 리더', '존경받는 리더', '사랑받는 리더'가 되고 싶어 하는 모든 사람들을 위한 책이다. 요즘 사회에서는 존경보다 질책을 더 많이 받는 리더들의 모습을 쉽게 볼 수 있다. 저자는 리더십의 원형이 되는 인지심리학을 바탕으로 바람직한 리더의 모습을 하나씩 밝혀준다. 현재 리더의 위치에 있는 사람뿐만 아니라, 앞으로 리더가 되기 위해 노력하고 있는 사람이라면 인지심리학의 새로운 접근에 공감하게 될 것이다. 존경받는 리더로서 조직을 성공시키고, 나아가 자신의 삶에서도 승리하기를 원하는 사람들에게 필독을 권한다.

● OtvN〈어쩌다 어른〉특강 출연
● 예스24 리더십 분야 베스트셀러
● 국립중앙도서관 사서 추천 도서

30초 만에 상대의 마음을 사로잡는
스피치 에센스

제러미 도노반, 라이언 에이버리 지음
박상진 옮김 | 348쪽 | 값 15,000원

타인들을 대상으로 하는 연설의 가치는 개별 청자들의 지식, 행동 그리고 감정에 끼치는 영향력에 달려있다. 토스마스터즈 클럽은 이를 연설의 '일반적 목적'이라 칭하며 연설이라면 다음의 목적들 중 하나를 달성해야 한다고 규정하고 있다. 지식을 전달하고, 청자를 즐겁게 하는 것은 물론 나아가 영감을 불어넣을 수 있어야 한다. 이 책은 토스마스터즈인 제러미 도노반과 대중연설 챔피언인 라이언 에이버리가 강력한 대중연설의 비밀에 대해서 말해준다.

경쟁을 초월하여 영원한 승자로 가는 지름길
탁월한 전략이
미래를 창조한다

리치 호워드 지음 | 박상진 옮김 | 값 17,000원

이 책은 혁신과 영감을 통해 자신들의 경험과 지식을 탁월한 전략으로 바꾸려는 리더들에게 실질적인 프레임워크를 제공해준다. 저자는 탁월한 전략을 위해서는 새로운 통찰을 결합하고 독자적인 경쟁 전략을 세우고 헌신을 이끌어내는 것이 중요하다고 강조한다. 나아가 연구 내용과 실제 사례, 사고 모델, 핵심 개념에 대한 명쾌한 설명을 통해 탁월한 전략가가 되는 데 필요한 핵심 스킬을 만드는 과정을 제시해준다.

● 조선비즈, 매경이코노미 추천도서
● 저자 전략분야 뉴욕타임즈 베스트셀러

세계 초일류 기업이 벤치마킹한
성공전략 5단계
승리의 경영전략

AG 래플리, 로저마틴 지음
김주권, 박광태, 박상진 옮김
352쪽 | 값 18,500원

이 책은 전략의 이론만을 장황하게 나열하지 않는다. 매일 치열한 생존경쟁이 벌어지고 있는 경영 현장에서 고객과 경쟁자를 분석하여 전략을 입안하고 실행을 주도하였던 저자들의 실제 경험과 전략 대가들의 이론이 책 속에서 생생하게 살아 움직이고 있다. 혁신의 아이콘인 AG 래플리는 P&G의 최고책임자로 다시 돌아왔다. 그는 이 책에서 P&G가 실행하고 승리했던 시장지배의 전략을 구체적으로 보여 줄 것이다. 생활용품 전문기업인 P&G는 지난 176년간 끊임없이 혁신을 해왔다. 보통 혁신이라고 하면 전화기, TV, 컴퓨터 등 우리 생활에 커다란 변화를 가져오는 기술이나 발명품 등을 떠올리곤 하지만, 소소한 일상을 편리하게 만드는 것 역시 중요한 혁신 중에 하나라고 할 수 있다. 그리고 그러한 혁신은 체계적인 전략의 틀 안에서 지속적으로 이루어질 수 있다. 월 스트리트 저널, 워싱턴 포스트의 베스트셀러인〈Plating to Win: 승리의 경영전략〉은 전략적 사고와 그 실천의 핵심을 담고 있다. 리플리는 10년간 CEO로서 전략 컨설턴트인 로저마틴과 함께 P&G를 매출 2배, 이익은 4배, 시장가치는 100조 이상으로 성장시켰다. 이 책은 크고 작은 모든 조직의 리더들에게 대담한 전략적 목표를 일상 속에서 실행하는 방법을 보여주고 있다. 그것은 바로 사업의 성공을 좌우하는 명확하고, 핵심적인 질문인 '어디에서 사업을 해야 하고', '어떻게 승리할 것인가'에 대한 해답을 찾는 것이다.

● 경영대가 50인(Thinkers 50)이 선정한 2014 최고의 책
● 탁월한 경영자와 최고의 경영 사상가의 역작
● 월스트리스 저널 베스트 셀러

진정한 부와 성공을 끌어당기는 단 하나의 마법

생각의 시크릿

밥 프록터, 그레그 레이드 지음
박상진 옮김 | 268쪽 | 값 13,800원

성공한 사람들은 그렇지 못한 사람들과 다른 생각을 갖고 있는 것인가? 지난 100년의 역사에서 수많은 사람을 성공으로 이끈 성공 철학의 정수를 밝힌다. 〈생각의 시크릿〉은 지금까지 부자의 개념을 오늘에 맞게 더 구체화시켰다. 지금도 변하지 않는 법칙을 따르기만 하면 누구든지 성공의 비밀에 다가갈 수 있다. 이 책은 각 분야에서 성공한 기업가들이 지난 100년간의 성공 철학을 어떻게 이해하고 따라 했는지 살펴보면서, 그들의 성공 스토리를 생생하게 전달하고 있다.

● 2016년 자기계발분야 화제의 도서
● 매경이코노미, 이코노믹리뷰 소개

성과기반의 채용과 구직을 위한 가이드

100% 성공하는
채용과 면접의 기술

루 아들러 지음 | 352쪽 | 이병철 옮김 | 값 16,000원

기업에서 좋은 인재란 어떤 사람인가? 많은 인사담당자는 스펙만 보고 채용하다가는 낭패당하기 쉽다고 말한다. 최근 전문가들은 성과기반채용 방식에서 그 해답을 찾는다. 이는 개인의 역량을 기초로 직무에서 성과를 낼 수 있는 요인을 확인하고 검정하는 면접이다. 이 책은 세계의 수많은 일류 기업에서 시도하고 있는 성과기반채용에 대한 개념, 프로세스, 그리고 실행방법을 다양한 사례로 설명하고 있다.

● 2016년 경제경영분야 화제의 도서

세계 최초 뇌과학으로 밝혀낸 반려견의 생각

반려견은 인간을
정말 사랑할까?

그레고리 번즈 지음 | 316쪽 | 김신아 옮김 | 값 15,000원

과학으로 밝혀진 반려견의 신비한 사실

순종적이고, 충성스럽고, 애정이 넘치는 반려견들은 우리에게 있어서 최고의 친구이다. 그럼 과연 반려견들은 우리가 사랑하는 방법처럼 인간을 사랑할까? 수십 년 동안 인간의 뇌에 대해서 연구를 해 온 에모리 대학교의 신경 과학자인 조지 번즈가 반려견들이 우리를 얼마나, 어떻게 사랑하는지에 대한 비밀을 과학적인 방법으로 들려준다. 반려견들이 무슨 생각을 하는지 알아보기 위해 기능적 뇌 영상을 촬영하겠다는 저자의 프로젝트는 놀라움을 넘어 충격에 가깝다.

세계를 무대로 미래의 비즈니스를 펼쳐라

21세기 글로벌 인재의 조건

시오노 마코토 지음 | 김성수 옮김
244쪽 | 값 15,000원

세계 최고의 인재는 무엇이 다른가? 이 책은 21세기 글로벌 시대에 통용될 수 있는 비즈니스와 관련된 지식, 기술, 그리고 에티켓 등을 자세하게 설명한다. 이 뿐만 아니라, 재무, 회계, 제휴 등의 업무에 바로 활용 가능한 실무적인 내용까지 다루고 있다. 이 모든 것들이 미래의 주인공을 꿈꾸는 젊은이들에게 글로벌 인재가 되기 위한 발판을 마련해주는데 큰 도움이 될 것이다. 저자의 화려한 국제 비즈니스 경험과 감각을 바탕으로 비즈니스에 임하는 자세와 기본기. 그리고 실천 전략에 대해서 알려준다.

MIT 출신 엔지니어가 개발한
창조적 세일즈 프로세스

세일즈 성장 무한대의 공식

마크 로버지 지음 | 정지현 옮김 | 272쪽 | 값 15,000원

세일즈를 과학이 아닌 예술로 생각한 스타트업 기업들은 좋은 아이디어가 있음에도 불구하고 성공을 이루지 못한다. 기업이 막대한 매출을 올리기 위해서는 세일즈 팀이 필요하다. 지금까지는 그 목표를 달성하게 해주는 예측 가능한 공식이 없었다. 이 책은 세일즈를 막연한 예술에서 과학으로 바꿔주는 검증된 공식을 소개한다. 단 3명의 직원으로 시작한 스타트업이 1천억 원의 매출을 달성하기까지의 여정을 통해 모든 프로세스에서 예측과 계획, 그리고 측정이 가능하다는 사실을 알려준다.

● 아마존 세일즈분야 베스트셀러

하버드 경영대학원 마이클 포터의 성공전략 지침서

당신의 경쟁전략은
무엇인가?

조안 마그레타 지음 | 368쪽
김언수, 김주권, 박상진 옮김 | 값 22,000원

이 책은 방대하고 주요한 마이클 포터의 이론과 생각을 한 권으로 정리했다. 〈하버드 비즈니스리뷰〉 편집장 출신인 조안 마그레타(Joan Magretta)는 마이클 포터와의 협력으로 포터 교수의 아이디어를 업데이트하고, 이론을 증명하기 위해 생생하고 명확한 사례들을 알기 쉽게 설명한다. 전략경영과 경쟁전략의 핵심을 단기간에 마스터하기 위한 사람들의 필독서다.

● 전략의 대가, 마이클 포터 이론의 결정판
● 아마존 전략 분야 베스트 셀러
● 일반인과 대학생을 위한 전략경영 필독서

대담한 혁신상품은 어떻게 만들어지는가?

신제품 개발 바이블

로버드 쿠퍼 지음 | 류강석, 박상진, 신동영 옮김
648쪽 | 값 28,000원

오늘날 비즈니스 환경에서 진정한 혁신과 신제품개발은 중요한 도전과제이다. 하지만 대부분의 기업들에게 아심적인 혁신은 보이지 않는다. 이 책의 저자는 제품혁신의 핵심성공 요인이자 세계최고의 제품개발프로세스인 스테이지-게이트(Stage-Gate)에 대해 강조한다. 아울러 올바른 프로젝트 선택 방법과 스테이지-게이트 프로세스를 활용한 신제품개발 성공 방법에 대해서도 밝히고 있다. 신제품은 기업번영의 핵심이다. 이러한 방법을 배우고 기업의 실적과 시장 점유율을 높이는 대담한 혁신을 성취하는 것은 담당자, 관리자, 경영자의 마지노선이다.

인생의 고수가 되기 위한 진짜 공부의 힘

김병완의 공부혁명

김병완 지음 | 236쪽 | 값 13,800원

공부는 20대에게 세상을 살아갈 수 있는 힘과 자신감 그리고 내공을 길러준다. 그래서 20대 때 공부에 미쳐 본 경험이 있는 사람과 그렇지 못 한 사람은 알게 모르게 평생 큰 차이가 난다. 진짜 청춘은 공부하는 청춘이다. 공부를 하지 않고 어떻게 100세 시대를 살아가고자 하는가? 공부는 인생의 예의이자 특권이다. 20대 공부는 자신의 내면을 발견할 수 있게 해주고, 그로 인해 진짜 인생을 살아갈 수 있게 해준다. 이 책에서 말하는 20대 청춘이란 생물학적인 나이만을 의미하지 않는다. 60대라도 진짜 공부를 하고 있다면 여전히 20대 청춘이고 이들에게는 미래에 대한 확신과 풍요의 정신이 넘칠 것이다.

새로나올책

당신은 어떤 글을 쓰고 있나요?(가제)

황성근 지음 | 값 13,500원

글쓰기는 인간의 기본 능력이자 자신의 능력을 발휘하는 핵심적인 도구이다. 글은 이론만으로 잘 쓸 수 없다. 좋은 글을 많이 읽고 체계적인 연습이 필요하다. 이 책에서는 기본 원리와 구성, 나아가 활용 수준까지 글쓰기의 모든 것을 다루고 있다. 이 책은 지금까지 자주 언급되고 무조건적으로 수용되던 기존 글쓰기의 이론들을 아예 무시했다. 실제 글쓰기를 할 때 반드시 필요하고 알아두어야 하는 내용들만 담았다. 책의 내용도 외울 필요가 없고 소설 읽듯 하면 바로 이해되고 그 과정에서 원리를 터득할 수 있도록 심혈을 기울인 책이다. 글쓰기에 대한 깊은 고민에 빠진 채 그 방법을 찾지 못해 방황하고 있는 사람들에게 필독하길 권한다.

"비즈니스의 성공을 위해
꼭 알아야하는 경영의 핵심지식"

퍼스널 MBA

조쉬 카우프만 지음
이상호, 박상진 옮김
756쪽 | 값 25,000원

지속가능한 성공적인 사업은 경영의 어느 한 부분의 탁월성만으로는 불충분하다. 이는 가치창조, 마케팅, 영업, 유통, 재무회계, 인간의 이해, 인적자원 관리, 전략을 포함한 경영관리 시스템 등 모든 부분의 지식과 경험 그리고 통찰력이 갖추어 질 때 가능한 일이다. 그렇다고 그 방대한 경영학을 모두 섭렵할 필요는 없다고 이 책의 저자는 강조한다. 단지 각각의 경영원리를 구성하고 있는 멘탈모델(Mental Model)을 제대로 익힘으로써 가능하다.
세계 최고의 부자인 빌게이츠, 워런버펫과 그의 동업자 찰리 멍거(Charles T. Munger)를 비롯한 많은 기업가들이 이 멘탈모델을 통해서 비즈니스를 시작하고, 또 큰 성공을 거두었다. 이 책에서 제시하는 경영의 핵심개념 248가지를 통해 독자들은 경영의 멘탈모델을 습득하게 된다. 필자는 지난 5년간 수천 권이 넘는 경영 서적을 읽었다. 수백 명의 경영 전문가를 인터뷰하고, 포춘지 선정 세계 500대 기업에서 일을 했으며, 사업도 시작했다. 그 과정에서 배우고 경험한 지식들을 모으고, 정제하고, 잘 다듬어서 몇 가지 개념으로 정리하게 되었다. 이들 경영의 기본 원리를 이해한다면, 현명한 의사결정을 내리는 데 유익하고 신뢰할 수 있는 도구를 얻게 된다. 이러한 개념들의 학습에 시간과 노력을 투자해 마침내 그 지식을 활용할 수 있게 된다면, 독자는 어렵지 않게 전 세계 인구의 상위 1% 안에 드는 탁월한 사람이 된다. 이 책의 주요내용은 다음과 같다.

● 실제로 사업을 운영하는 방법
● 효과적으로 창업하는 방법
● 기존에 하고 있던 사업을 더 잘 되게 하는 방법
● 경영 기술을 활용해 개인적 목표를 달성하는 방법
● 조직을 체계적으로 관리하여 성과를 내는 방법

병원에 안가고 오래 건강하게 사는법 (가제)

마이클 그레거 지음 | 홍영준 외 옮김
값 25,000원

미국 최고의 영양 관련 웹사이트인 http://NutritionFacts.org를 운영 중인 세계적인 영양전문가이자 내과의사가 과학적인 증거로 치명적인 질병을 예방할 수 있는 식습관에 대해 집대성한 책이다. 생명을 일찍 잃는 대다수 사람들의 경우, 식생활과 생활방식의 간단한 개선만으로 질병 예방이 가능하다. 저자는 영양 및 생활방식의 조정이 처방약, 항암제, 수술보다 더 효과적일 수 있다고 강조한다. 오래 동안 건강하게 살기 위해서는 어떤 음식을 섭취해야 하는지, 또 어떤 생활습관을 가져야 하는지에 대한 명쾌한 해답을 제시해주고 있다.

● 아마존 식품건강분야 신간 1위   ● 출간 전 8개국 판권 계약

현대의학의 한계를 극복하는 새로운 대안

불치병의 원인과 치유법은 무엇인가 (가제)

앤서니 윌리엄 지음 | 박용준 옮김 | 값 25,000원

이 책은 현대의학으로는 치료가 불가능한 질병으로 고통 받는 수많은 사람들에게 새로운 치료법을 소개한다. 저자는 사람들이 무엇으로 고통 받고, 어떻게 그들의 건강을 관리할 수 있는지에 대한 영성의 목소리를 들었다. 현대의학으로는 설명할 수 없는 질병이나 몸의 비정상적 상태의 근본 원인을 밝혀주고 있다. 당신이 원인불명의 증상으로 고생하고있다면 이 책은 필요한 해답을 제공해 줄 것이다.

● 아마존 건강분야 베스트셀러 1위

서울대학교 말하기 강의 (가제)

김종영 지음 | 값 15,000원

이 책은 공론 장에서 타인과 나의 의견이 다름을 인정하고, 그 차이점을 조율해 최종적으로 합리적인 의사 결정을 도출하는 능력을 강조한다. 특히 자신의 말하기 태도와 습관에 대한 성찰을 통해, 자신에게 가장 적합한 말하기의 특성을 찾을 수 있다. 독자들은 창의적이고 구체적인 이야기 구성능력을 키우고, 논리적이고 설득적인 말하기 능력을 훈련할 뿐만 아니라, 말의 주체로서 자신이 한 말에 책임을 지는 윤리성까지 인식하는 과정을 배울 수 있다. 논술을 준비하는 학생을 포함한 교사와 학부모 그리고 말하기에 관심 있는 일반 독자들에게 필독을 권한다.

하버드 경영대학원 마이클 포터의 성공전략 지침서

당신의 경쟁전략은 무엇인가?

조안 마그레타 지음
김언수, 김주권, 박상진 옮김
368쪽 | 값 22,000원

마이클 포터(Michael E. Porter)는 전략경영 분야의 세계 최고 권위자다. 개별 기업, 산업구조, 국가를 아우르는 연구를 전개해 지금까지 17권의 저서와 125편 이상의 논문을 발표했다. 저서 중 『경쟁전략(Competitive Strategy)』(1980), 『경쟁우위(Competitive Advantage)』(1985), 『국가 경쟁우위(The Competitive Advantage of Nations)』(1990) 3부작은 '경영전략의 바이블이자 마스터피스'로 공인받고 있다. 경쟁우위, 산업구조 분석, 5가지 경쟁요인, 본원적 전략, 차별화, 전략적 포지셔닝, 가치사슬, 국가경쟁력 등의 화두는 전략 분야를 넘어 경영학 전반에 새로운 지평을 열었고, 사실상 세계 모든 경영 대학원에서 핵심적인 교과목으로 다루고 있다. 이 책은 방대하고 주요한 마이클 포터의 이론과 생각을 한 권으로 정리했다. 〈하버드 비즈니스리뷰〉 편집장 출신인 저자는 폭넓은 경험을 바탕으로 포터 교수의 강력한 통찰력을 경영일선에 효과적으로 적용할 수 있도록 설명한다. 즉, "경쟁은 최고가 아닌 유일무이한 존재가 되고자 하는 것이고, 경쟁자들 간의 싸움이 아니라, 자사의 장기적 투하자본이익률(ROIC)를 높이는 것이다." 등 일반인들이 잘못 이해하고 있는 포터의 이론들을 명백히 한다." 전략경영과 경쟁전략의 핵심을 단기간에 마스터하여 전략의 전문가로 발돋음 하고자 하는 대학생은 물론 전략에 관심이 있는 MBA과정의 학생을 위한 필독서이다. 나아가 미래의 사업을 주도하여 지속적 성공을 꿈꾸는 기업의 관리자에게는 승리에 대한 영감을 제공해 줄 것이다.

● 전략의 대가, 마이클 포터 이론의 결정판
● 아마존 전략 분야 베스트 셀러
● 일반인과 대학생을 위한 전략경영 필독서

기업체 교육안내 〈탁월한 전략의 개발과 실행〉

월스트리트 저널(WSJ)이 포춘 500대 기업의 인사 책임자를 조사한 바에 따르면, 관리자에게 가장 중요한 자질은 〈전략적 사고〉로 밝혀졌다. 750개의 부도기업을 조사한 결과 50%의 기업이 전략적 사고의 부재에서 실패의 원인을 찾을 수 있었다. 시간, 인력, 자본, 기술을 효과적으로 사용하고 이윤과 생산성을 최대로 올리는 방법이자 기업의 미래를 체계적으로 예측하는 수단은 바로 '전략적 사고'에서 시작된다.

〈관리자의 필요 자질〉

새로운 시대는 새로운 전략!

- 세계적인 저성장과 치열한 경쟁은 많은 기업들을 어려운 상황으로 내몰고 있다. 산업의 구조적 변화와 급변하는 고객의 취향은 경쟁우위의 지속성을 어렵게 한다. 조직의 리더들에게 사업적 혜안(Acumen)과 지속적 혁신의지가 그 어느 때보다도 필요한 시점이다.

- 핵심 기술의 모방과 기업 가치사슬 과정의 효율성으로 달성해온 품질대비 가격경쟁력이 후발국에게 잠식당할 위기에 처해있다. 산업구조조정만으로는 불충분하다. 새로운 방향의 모색이 필요할 때이다.

- 기업의 미래는 전략이 좌우한다. 장기적인 목적을 명확히 설정하고 외부환경과 기술변화를 면밀히 분석하여 필요한 역량과 능력을 개발해야한다. 탁월한 전략의 입안과 실천으로 차별화를 통한 지속가능한 경쟁우위를 확보해야 한다. 전략적 리더십은 기업의 잠재력을 효과적으로 이끌어 낸다.

〈탁월한 전략〉 교육의 기대효과

① 통합적 전략교육을 통해서 직원들의 주인의식과 몰입의 수준을 높여 생산성의 상승을 가져올 수 있다.

② 기업의 비전과 개인의 목적을 일치시켜 열정적으로 도전하는 기업문화로 성취동기를 극대화할 수 있다.

③ 차별화로 추가적인 고객가치를 창출하여 장기적인 경쟁우위를 바탕으로 지속적 성공을 가져올 수 있다.

- 이미 발행된 관련서적을 바탕으로 〈탁월한 전략〉의 필수적인 3가지 핵심 분야 (전략적 사고, 전략의 구축과 실행, 전략적 리더십)를 통합적으로 마스터하는 프로그램이다.

● 스마트 싱킹
● 퍼스널 MBA
● 지혜의 심리학

전략적사고: 지속가능한 성공을 위해 기업의 성과에 영향을 주는 새로운 사업적 기회를 인식하고 성과와 직접 연결된 가치사슬을 종합적으로 파악하여 문제의 해결책을 찾는 사고능력 배양으로 분석, 해석, 예측력 향상.

● 탁월한 전략이 미래를 창조한다
● 승리의 경영전략
● 신제품 개발 성공전략

전략의 구축과 실행: 기업의 열망과 이를 실현하기 위한 전략적 활동을 위해 어느 분야에서 경쟁을 하고 어떤 방법으로 승리할 것인지 전략의 선택과 실행 그리고 평가 프로세스를 전반적으로 이해하고 적용함

● 최적의 인재채용과 개발
● 이끌지말고 따르게하라
● 소통과 설득의 수사학

전략적 리더십: 전략을 실행하고 가시적인 성과를 내기 위해서는 구성원들과 원활하게 소통하고 동기를 부여하여 영향력을 발휘해야한다. 조직의 변화관리능력을 배양시키고, 기업과 개인의 목표를 일치시킴.

▶ 〈탁월한 전략〉 모델

특강 및 교육 신청 및 문의: 진성북스, 02-3452-7762

BPM 리더십코스

 세계적 리더십 & 매니지먼트 전문 교육 기업 Crestcom International의 핵심역량 리더십 프로그램으로, CEO, 관리자, 핵심리더에게 필요한 글로벌 리더십 프로그램입니다.

1 CEO, 핵심리더에게 필요한 [10 Core Competencies]를 중심으로 각 분야별 매니지먼트 리더십 프로그램을 제공합니다

2 60개국의 CEO들을 대상으로 리더십 핵심 역량을 조사하여 관리자들이 갖추어야 할 리더십 핵심 역량을 10개 그룹, 24개 모듈로 세분화 하여 월 1회 4시간씩 12개월 과정으로 운영됩니다.

3 BPM 리더십코스는 관리자 등 핵심리더 교육프로그램으로 "사람(부하직원과 고객)의 마음을 얻는 스킬"의 내재화와 행동 변화에 초점을 맞추고 있습니다.

BPM 리더십 코스 핵심역량별 교육내용

경영리더십 핵심역량	각 모듈의 주제	주제강의
의사소통	• 경청의 힘	Terry Paulson
	• 긍정적인 셀프이미지를 향상하라	George Walther
	• 유대감을 형성하라	George Walther
	• 긍정적인 커뮤니케이션으로 동기를 부여 하라	Amanda Gore
	• 차원이 높은 커뮤니케이션 방법	Nido Qubein
	• 효과적인 전화 커뮤니케이션	George Walther
고객관리	• 고객의 기대를 뛰어넘어라	Lisa Ford
	• 까다로운 고객: 이렇게 대처하라	
동기부여	• 성과를 높이는 열쇠: 칭찬하라	John Hersey
	• 변혁적인 리더가 되어라	Nido Qubein
	• 멘토링으로 리더를 육성하라	John Hersey
	• 동기부여로 생산성을 향상시켜라	Jim Cathcart
	• 효과적 권한 부여의 7단계	Bob Johnson
	• 직원들이 최고가 되도록 지원하라	John Hersey
시간관리	• 시간투자 전략을 개발하라	Terry Paulson
	• 1시간을 70분으로 만들어라	Jim Henning
협상	• 성공적인 협상법	Jim Henning
문제해결	• 관리자들의 창의성을 적극 활용하라	Bob Johnson
	• 조직 내의 갈등을 해소하라	Terry Paulson
전략적 사고	• 전략적으로 사고하고 전략적으로 기획하라	Marcia Steele
	• 효율적 기획을 위한 7단계	Bob Johnson
경영혁신	• 성공적으로 변화를 추진하라	Terry Paulson
스트레스관리	• 스트레스를 잡아라	Amanda Gore
인사관리	• 채용, 교육 그리고 직원 보상을 잘하는 법	Lisa Ford

창의성의 비밀을 밝힌다!
'스마트 싱킹' 세미나

인지심리학자와 〈스마트 싱킹〉의 역자가 함께하는
'스마트 싱커' 되기 특별 노하우

"성공을 무조건 좇지 말고, 먼저 스마트해져라!"

스마트 싱킹의 가치는 명백하다. 사물의 원리와 일의 원인을 생각하고, 의사소통하고, 의사결정을 내리고, 행동하는 모든 과정을 통해 얻어지는 멘탈모델(Mental Model)의 밑바탕에는 언제나 스마트 싱킹이 존재한다. 따라서 스마트 싱킹은 자신이 필요한 것을 더 수월하고, 신속하게 얻기 위한 지름길이다.

세미나 내용

- 스마트 싱킹이란 무엇인가?
- 스마트 싱킹의 법칙
- 스마트한 습관 만들기와 행동 변화
- 3의 원리가 가진 비밀과 원리 실행하기
- 고품질 지식의 획득과 문제 해결 능력
- 비교하기와 지식 적용하기
- 효과적으로 기억하고 기억해내기
- 조직을 살리는 스마트 싱킹

특강 및 교육 신청 및 문의: 진성북스, 02-3452-7762

진성북스 회원으로
여러분을 초대합니다!

진성북스 공식카페
http://cafe.naver.com/jinsungbooks

혜택 1

» 회원 가입 시 진성북스 도서 1종을 선물로 드립니다.

혜택 2

» 진성북스에서 개최하는 강연회에 가장 먼저
초대 드립니다.

혜택 3

» 진성북스 신간도서를 가장 빠르게 받아 보실 수
있는 서평단의 기회를 드립니다.

혜택 4

» 정기적으로 다양하고 풍부한 이벤트에
참여하실 수 있는 기회를 드립니다.

- 홈페이지 : www.jinsungbooks.com
- 블 로 그 : blog.naver.com/jinsungbooks
- 페이스북 : www.facebook.com/jinsungbooks

- 문   의 : 02)3452-7762

진성북스
JINSUNGBOOKS